寻味云南

杨洋 著

北京出版集团公司
北京出版社

寻味云南

　　一方水土，一方饮食。多山区、多民族的云南，其饮食也像它的地貌多姿彩、多变化：鲜花做菜，野菌全席，还有那些名不见经传，让人尝试后就欲罢不能的山珍河鲜与特色菜式。一碗米线，精致时是过桥米线，随意时是小锅米线，婚宴上是凉米线，阿昌族那里是过手米线，到了傣族手里就是撒撇。这一粒粒米做成的线，因地域和民族不同，便有了种种的味道和精彩。还有景颇族的鬼鸡、傣族的烤鱼、藏族的青稞粑粑、白族的乳扇、红河州数不尽的野菜、大理州各种烹调方式做出的鱼、雪山上的竹叶菜、竹子里的虫子，历历数来，让人忍不住食指大动。

　　云南菜如云南的地理位置，很远很偏，未能

在八大菜系中占一席之地，但其在发展中兼收并蓄，在不同起源的某些菜式上相互间完美融合，各民族、各地域又能保存自己独具特色的菜肴；云南菜如云南的景色，很美很艳，无法一语概之，只有身到其地，站在街边吃一碗凉卷粉，进到餐馆尝尝皱皮辣炒干巴菌，再点一盘油炸蜂蛹，总有一项吃食，会让无论南来还是北往的人，从口到心地让味觉惊艳。

本书用清丽、淡雅、平实、朴素的文字，把留连在唇齿间的花香、野生菌萦绕在夏秋的浓烈之味娓娓道来，饱含云南人对米线的情有独钟、对花菜的爱之难舍，以及生活在烈阳蓝天下、红土高原上的他们如何借一道菜，流露出深藏于内心的温软心思。于是米线中有哲学，汽锅鸡里有情义。在细品、回味云南美食的同时，流露出于人于世的美好情怀，对尘事的点滴感悟，关于乡情、亲情、友情、爱情的绵绵情感。

本书特色如下。

★实用：覆盖云南著名景区的特色美食，使游客欣赏美景之余知道在当地能够品尝到什么样的美食，做到心中有数。

★全面：从云南的菌子、虫子、可食花卉，再到特殊烹调方法的鸡与鱼，让食客深入了解云南的饮食文化与美食地图。

★美味：无论是餐厅，还是路边小店，都有特别的美食。看此书，你会发现，云南是旅游王国，也是美食天堂。

目 录 寻味云南

CONTENT

Part ① 昆明的小城心味

用一朵菊花，衬一碗米线；用一锅鸡汤，烫一碗米线；用一种心意，煮一碗米线……是繁华还是质朴，是困顿还是闲适，只在低眉信手一念间，只在尘起尘落转瞬间。

Part ② 路上的楚雄
鲜美的菌子

菌子是一朵花，蹈烈火、入滚油、烩辣椒、溶砂盐，把它的荣耀和甜美绽放在舌尖，懂也好，不懂也罢，每一朵菌，一生一世，只开这一次。

Part ③ 大理，风花雪月的惦念

如果有一种美艳是天空蔚蓝、云霞华丽，有一种陶醉是鱼虾鲜美、花朵纷繁，有一种日常生活是风花和雪月，那它一定是大理。

Part ④ 美艳红河的清甜和鲜香

悠长岁月中，总有一个缺口，随着日常三餐的酸甜苦辣，流进一些快乐，流出一些忧伤，并永生不忘。

Part ⑤ 西双版纳的酸辣交响曲

月光下的凤尾竹，藤桌上的菠萝饭，要用哪一支彩笔，才能绘出这一份好滋好味好年华？

Part ⑥ 一杯普洱茶品味德宏

有一种记忆无关情爱，有一种怀想无关肠胃，而有一种美丽，是温柔、是细致，是于饮食的耐心和对日子的珍视。

Part ⑦ 在城丽江清的地方，与河流和美食同居共处

走遍千山，总有一水濯足；淌过万水，总有一地栖身；尝过万千美食，总有一种能够和月光、和流水、和花香一道，妥帖安适地溶于胃，化于心。

Part ⑧ 品味香格里拉的绿野仙踪

爱一种食物，与爱一个人相同，有一见钟情的金风玉露，也有小火冷水慢慢烧开的日久生情。或许牦牛肉和竹叶菜能够初吃即爱，酥油茶和奶渣则需要慢慢去品味它的美味。

Part ⑨ 火山热海品腾冲

有一种情感需要等待，有一种美食需要遇见。在对的时间遇上对的饮食，是灯火阑珊处回首时的释然，也是拍遍栏杆后终于得到的回答。

昆明植物园

云南野生动物园

普吉街道

翠云楼
翠湖1923 · 祥云美食城
端仕小锅 · · 嘉宴
昆明市 · 景星花鸟市场摊点
西山区 · 老房子餐馆
· 辣辣小吃

广福路

七亩湖

高海高速

洛阳街道

滇池生态
湿地公园

八街双双卷粉

吴家营三辣子豌豆粉

大渔乡

马金铺街道

Part 1
昆明的小城心味

用一朵菊花，衬一碗米线；用一锅鸡汤，烫一碗米线；用一种心意，煮一碗米线……是繁华还是质朴，是困顿还是闲适，只在低眉信手一念间，只在尘起尘落转瞬间。

在翠云楼里为沸腾鱼而微醺

店　　名：翠云楼
地　　址：昆明市青云街 81 号（靠近云南大学正门）
电　　话：0871-65154217
推荐指数：★★★★★

翠湖是安静的，纵使高楼林立，人流熙攘，也能在这里寻到一块清静之地。有学生面对一湖碧水，静心读书；有老人提着长长的毛笔，蘸水在地上写字；更有晨练的人们，把鸟笼挂在树枝上，在湖边弯腰踢腿。恋爱的男女坐在长椅上说着悄悄话，竹笛清脆的乐声从小小的亭子里飘出，顺湖面望去，落叶静静仰望着天空的云。野鸭过处，激起圈圈浅波，站在湖岸边的孩子，用面包逗哄鸭子游来身边。湖那边，树影深处，有人在翩翩起舞。

人来得多了，餐馆自然是少不了的。翠湖的菜馆有历史渊源：清朝末年，滇味餐馆的代表玉春园就位于翠湖边，它擅长滇味十大件，有名的菜是红烧鸽蛋、宫保鸡丁、鸡腰竹笙、火腿夹乳饼。如今，玉春园早已没了踪迹，但人们到翠湖，依然可以大饱口福，像石屏会馆、嘉宴等滇菜馆都做得红红火火。

1986 年开业一直红火到现在的翠云楼便位于翠湖边上。翠云楼有道菜名为沸腾鱼，是把油烧沸腾后倒入钵中，把钵中的鲜鱼片烫熟。当服务员把密布在鱼肉上面的红辣椒盛走后，白菊花般的鱼片出现在食客眼前，看着就让人食指大动。片片鱼肉鲜美滑嫩，麻辣适口，更让人不愿让筷子和嘴空闲。这道菜最讲究刀功，鱼片切得不薄不厚，鱼刺全部剔除。还配有白菜、洋芋和粉条，鱼汤也很鲜美。一勺饭、一勺汤，吃起来非常痛快。

另一道菜名为宣威小炒肉。小炒肉不过是家常菜，哪家不会做？但冠名为宣威小炒肉，自然有些特点。驰名中外的宣威火腿有千余年的历史，270 多年前便有文字记载，至今经久不衰，且有越做越大之势。之所以如此，除了腌制工艺和当地的气候环境外，与宣威本地乌金猪的肉质也大有关系。宣威小炒肉做法与其他被命名为小炒肉的菜肴做法一致：里脊切薄片，青椒切丝，油烧热下锅爆炒，再加入葱、姜、蒜、酱油即可。入口肉质滋嫩，味道鲜美。

翠湖边上翠云楼

鲜美滑嫩沸腾鱼

宣威小炒肉，肉质滋嫩，味道鲜美

此外，炒田螺、脆皮毛肚、芋头香排、小土豆焖肉、现点豆花都不错。他家的拌凉皮也很好吃，值得说明的是，这凉皮不是陕西的凉皮，而是猪皮。把猪皮煮熟放凉，切成丝凉拌，特别脆，别具风味。这道菜，传说中要涨沸 3 次：水一沸，就捞起放入凉水中三五分钟，再煮沸，再放入凉水中。如此重复 3 次后，猪皮再怎么煮都是脆的，再也不会绵了，这时再把猪皮煮熟。刀工好的师傅，斜斜地切过去，一片猪皮有 1 厘米宽。当年我父亲下厨时，比较擅长做这道菜，他后来工作繁重起来，就不再做这么麻烦的菜了。所以我每次在饭店里看见这道菜，都要点。

翠云楼的下饭菜非青椒剁斑鸠莫属，肉质鲜嫩，咸辣适中。

汤菜，最受欢迎的是四季丰收。一钵端上来，仅颜色就让人愉悦：红的胡萝卜、黄的玉米、绿的小南瓜、白的荸荠，好看得如水彩画一般。味道自然也是极好的，因为是用鸡汤煮的。

与明月对饮在翠湖 1923

店　　名：翠湖 1923
地　　址：昆明市翠湖北路 3 号
电　　话：0871–65171923
推荐指数：★★★★★

在翠湖边走一走，逛一逛，欣赏美景，品尝美食，是十分惬意的事。有家店名为翠湖 1923，其店铺曾是云南大学创建人之一王九龄的故居。1923 不是门牌号，而是店名。云南大学创建于 1922 年 12 月，1923 年 4 月 20 日开始招生，当时名为东陆大学，1934 年改名为云南大学。这家店以云南大学招生的年份命名。

翠湖 1923 的特征如同它的宣传词：在文化中就餐，在观景中品茶。楼檐挂着大红灯笼，黄昏时亮起来，立刻暖意融融：木楼木梯，雕梁低檐，一派温馨。包间内，挂着云南大学历任校长的照片，一一看下来，不禁让人肃然起敬。突然想到，王九龄先生于 1950 年把毕生珍藏的文物古籍捐献给了云南省人民政府的事情，心内更添别样感受。

这里毕竟不是博物馆，来这里的主要目的是吃饭。

　　这样的地方，菜自然也是讲究的。有道菜名为木桶一锅鲜。端出来时平淡无奇，只能看到乳白的嫩豆腐，其实精华全在下面：北极贝、青口贝和虾仁。盛一勺进嘴，鲜美无比。

　　菊花山珍扒茄子是非常好看、非常好吃的一道菜，淡黄纤细的菊花瓣点缀在酥黄香脆的菌丝和软软的茄条上。另一道菜也精美如画，玫瑰浸芦荟。芦荟去皮后，是晶亮无色半透明的，盘中鲜黄的是菠萝，四周是艳红的玫瑰花瓣。整盘菜如同花朵，让人忍不住想大快朵颐。但面对这么美的菜，怎么也要斯斯文文地吃才行。

　　豆豉拌蹄花也很有特色，细白的折耳根、红红的辣椒段、剔去骨头的猪蹄，脆得恰到好处，异常爽口。芭蕉叶烤肉这道菜和傣族的同名菜不同，口味上各有千秋，相比而言，不辣但香。此外还有竹篱大盘鸡、跳水兔、四喜临门等。

　　总体而言，这里的菜做得精致，色、香、味俱全。

十亩荷花、半城杨柳的翠湖

四喜临门

清清爽爽跳水兔

好吃好看玫瑰浸芦荟

走出翠湖 1923 时，夜色已笼罩了翠湖，在半明半暗的灯光下，依然能看见湖对面翩翩起舞的人们。还有人自带了音响，邀约三五好友，或弹琴，或吹笛，或唱歌，自娱自乐。听着若隐若现的乐声，看着起舞的身影，你会想到聂耳和《翠湖春晓》，还会想到《幼学琼林》里的句子："盛世黎民，嬉戏于光天化日之下。"

月亮映照着湖水和湖边的人，古筝曲若有若无、清扬袅娜地依风而来，薄薄的酒意涌上脸颊，内心则软得化了开来，叫人分辨不清，是沉醉于薄酒，还是这方景色。

原来古今皆同，因而翠湖观鱼楼才会有这样的对联：有亭翼然，占绿水十分之一；何时闲了，与明月对饮而三。

最鲜香——
青椒炒干巴菌

店　　名：**嘉宴**
地　　址：昆明市五华区翠湖北路 5 号袁嘉谷旧居
电　　话：0871–65110587
推荐指数：★ ★ ★ ★ ★

生在云南，吃菌的岁月和我的年岁一样长，但干巴菌不是的。在我家搬到昆明后，才知这东西能吃。那时干巴菌多得满山遍野都是，邻居家把吃不完的腌起来，给他家的小男孩带到学校，作为下饭菜吃。虽然看上去黑乎乎的，味道却非常好。夏天来时，我随他们上山捡菌，在松树脚下拾得几块，又黑又丑，若不注意还以为是烂树枝。小男孩笑我没见识，他就手把那团东西撕开，放嘴里嚼，还问我吃不吃。后来才知道，我吃过的黑乎乎的腌菜就是这东西，名为干巴菌。

不过，一小碗干巴菌却要搭进去一下午的时间。它刚刚从土里长出来时，见到什么都以为是宝，紧紧地揽进怀里。有的更过分，充分表现出少年人的贪婪，把沙呀、土呀、草呀、松针呀都藏进自己怀里。草和松针甚至小木棍

如花绽放的干巴菌

最鲜香青椒炒
干巴菌

都不算什么，吃了也没关系，唯有沙土，一点办法都没有。像蜂窝，长着许多小孔，里面全是沙土。当然这是它"孩童"时的作为，在菌的根部才这样，长大了，就不"稀罕"那些玩意了，努力往上生长。偶尔可看见一两根松针穿过它，把它抽出来即可。洗时，先用淘米水泡，然后用面粉揉一次，再用盐揉一次就干净了。

那时的我还小，这般麻烦的事是不肯做的。世间那么多好玩的事等着我，哪有时间去对付一盘菜，再美味也不值得。年岁渐长后，却逐渐愿意付出时间和精力来对付它了。

在我细致小心地把干巴菌一点一点弄干净时，时光正一寸一寸地在窗外移动，令箭水红的花在窗前探望，寂寞的兔子站立起来，呆呆地看我。我已不是那个少年，我已能如此安静如此耐心，只为一盘菜。由于有了几分安心，也就有了几分快乐。家人见我在桌前一坐就是一个下午，有几分不好意思，问："要不要帮忙？"我忙说不用。其实没有人知道，我有几分喜欢独自做这事。因为对付干巴菌的心思，似相待未琢的美玉，一点点打磨，要把它磨成人间极品。相较而言，干巴菌是温厚的，只要你肯付出时间和耐心，它给予每个人的回报都一样，不存在手艺问题。我第一次炒它时，厨房里的菌香经久不散，把它放上桌，任谁吃了第一筷，都急急地夹第二筷——再伟大的厨师，要的也不过是这效果，而我，只是个锅铲尚拿不顺的女人，干巴菌却能为我换来这份自豪。它待我如此深情厚意，我自然也爱它爱得无怨无悔。

在昆明，许多餐馆都能吃到炒干巴菌，不过，有朋友向我推荐嘉宴，味道的确不错。

奢华的干巴菌炒饭

最爱酱爆螺蛳

店　　名：景星花鸟市场摊点
地　　址：昆明市五一路和东风西路的交叉口，由甬道街和景星街组成
推荐指数：★ ★ ★ ★ ★

当年，齐秦到昆明开个人演唱会时，有人问他都转了什么地方，齐秦不知地名，只说：一条老街，有很多卖玉器的店。观众大叫——花鸟市场！齐秦略有些羞涩地承认，他去那里与几年前一样，只为买玉件，送给小贤（王祖贤）。如今他们的爱情故事已成明日黄花，但由甬道街和景星街组成的花鸟市场依然是许多昆明人的乐园，小饰品、小玩意之类的小物件花鸟市场里应有尽有。不过，我更喜欢花鸟市场中种类繁多的食物，泡梨、葛根、松子，当季的水果有扭来扭去的拐枣、黑黝黝的小柿子、清香逼人的香橼，还有白族的凉面凉米线、官渡的手工饵块，以及小食馆里各式各样的小吃。

过去，甬道街口有两家小吃店，据说是武成路拆迁时搬来的。一家主营清汤羊肉，另一家则是涮菜，但其他的小吃，如酱爆螺蛳、炖芽豆、酸辣粉条、大枣红糖稀饭等

也都响当当地好吃，就是炒饵块也比名头响亮的"腾冲大救驾"美味许多。小小一家店，光小工就请了十来人。女老板喜欢把头发盘起来，人长得珠圆玉润的，即便不笑脸迎人，见了也会有几分温馨之感。男老板则瘦瘦高高的，戴副眼镜。纵是客人多得挤来挤去，也不见他二人忙碌，女老板只管算账收钱，男老板则会搭把手，端个热气腾腾的碗走过来，扬声问："12块的涮菜是谁的？"

　　过去住在郊外，晚上下班后千辛万苦地坐两趟公交车，驶过10公里，再穿过一条街，就只为他们家的小吃，肚皮滚圆、心满意足后，才慢悠悠地回家，好像只有这样，才能平心静气地从这平常人生里品味出美好来——毕竟，还有那么多美妙绝伦的小吃可供养我的胃和身心。那时，就是到与花鸟市场相距1公里的地方办事，也要绕道过来，买一碗酱爆螺蛳，回家的路上就用牙签挑螺蛳肉吃，从不担心此举有损自己的淑女形象。

又辣又爽的
爆炒螺肉

貌不惊人，一吃不忘的酱爆螺蛳

美味炒田螺

　　多年后，我迁居到花鸟市场附近，不知道这与一提起就让我垂涎的美食有没有关系。许多日子里，我常在花鸟市场这又窄又挤的街道上闲逛。任是怎样炎热的季节，甬道街又是如何拥挤，走进去也不觉炎热，悬铃木那繁密的枝叶把地面遮了个严严实实，偶有阳光寻到一条辗转波折的路洒到地上来，也不觉辛苦，徒为这条街道增添些斑斓的色彩。

　　看累逛累，在小吃店寻张临街的桌子，要一碗酱爆螺蛳、一杯木瓜水，悠悠闲闲，一边吃螺蛳，一边看这尘世纷繁，内心却安宁、闲适。这就是幸福吧，平凡的幸福。

乐客比萨和老房子滇菜

店　　名：老房子餐馆
地　　址：昆明市五华区东风西路吉祥巷18—19号
电　　话：0871-63644555
推荐指数：★★★★★

景星花鸟市场是昆明市井的一个缩影，我时常伏在阳台上，看甬道街上的梧桐树以及进出这条街的人，他们在这里购物、聊天、品尝美食，也会面红耳赤地吵个痛快。但无论如何，对于花鸟市场，我从不敢怀半分轻视，除了喜欢，还有些骄傲。1912年2月15日，甬道街74号名为成春堂的药铺里，一位姓聂名守信的人呱呱坠地，在这里咿呀学语、蹒跚学步。他就是我国国歌的作曲人——聂守信。云南人都是家乡宝，谁知道哪一天，这位已改名为聂耳的人，会沿着儿时的足迹回到这条街上来呢？

就在聂耳故居对面不远的地方，曾经有家乐客比萨。这家店的老板是意大利人，老板娘是昆明人，两人相爱后就回来开了这家比萨店。这里很有人情味，服务员会跟客人聊聊老屋子的事，她认为老屋的历史不会少于80年，还会问客人喜欢不喜欢他们家的比萨。若遇上老板，他会微笑着致意："谢谢。"我喜欢这家西餐店，更多的是因那奇异的氛围。爬山虎绿油油的叶子探出墙来，垂在屋外，院外人来人往，鸟声则越过矮墙，清脆地落在院里古老的天井中。院里花木扶疏，木桌木椅木窗，还有彩绘的木门和窄窄的楼道，莲花静静开在青花瓷雕缸中，古旧的雕花盆架上一盆清清的水里，金鱼在摇头摆尾地游弋。在这样的地方，纵使不吃不喝也可消磨掉许多时光，何况他们家的比萨还真不错：薄、劲、绵。食客坐在只能看出木头颜色的太师椅上，老旧的木桌上放一钵火艳酸辣的汤、一张大

中式老房子里的乐客比萨

椒盐乳饼

瓦片烤豆腐

昆明一颗印式建筑：老房子餐馆

大的比萨饼，手里拿着叉呀刀呀，把这异域的面食送入口。盆中的植物把它绿色的枝叶探进屋来，来自他国的音乐低低地，在古老中国的雕梁画栋间萦绕。窗外，一只宫灯垂在阳光中，院中柱上的对联写着："茶亦醉人何需酒，书能香我不必花。"谁会忘记这奇怪的组合呢？

此外还有懋庐，它位于景星花鸟珠宝大楼一侧的吉祥巷里。这座建于1852年的典型的一颗印式民居，喜用凤凰雕饰，因而传说它是一位女商人的府邸。清宣统三年（1910年），昆明昼间出现"景星"和五色云，随后昆明重九起义成功，遂把按察司街改为庆云街，粮道街改为景星街，以应《幼学琼林》首篇"王者政教无私，则景星见，王者德合山陵，则庆云生"之意。往昔已随雨打风吹去，但懋庐里，那雕成凤凰的雀替依然光鲜，门上涂着金粉的浮雕仍然未褪色。现在，这里是老房子餐馆，以经营传统滇式菜肴为主，汽锅鸡、乳饼夹火腿、烤豆腐和凉米线应有尽有。还有位老者，穿着中式服装，为食客们讲解这屋子的历史，但他除了告诉你有多少扇窗、多少道门以外，就是宣传这里的菜式，想知道更多，就得缠着他，一点点地问。他少年时就住在景星街附近，知道不少老故事。

当豆花拥抱米线

店　　名：辣辣小吃
地　　址：昆明市五华区新闻路中段（云南日报社斜对面）篆新农贸市场内9—36号
推荐指数：★ ★ ★ ★ ★

终于吃到篆新农贸市场里闻名已久的豆花米线了。豆花米线是凉米线的一种，只是在米线上面放了一大块豆花而已。第一次吃豆花米线之前，我不知米线还有这种吃法。

那时台湾作家琼瑶的小说刚进入大陆，我们几个女孩子看完《浪花》后，坐在店里一面吃米线，一面聊这本小说。书中有个男子叫江苇，我们一行四女子都喜欢他。喜欢他什么已不记得，只是记得，碗里的米线上盖了好大好大一块豆花。我喜欢米线，又喜欢豆花，认为这是最佳搭配。

喜欢豆花米线的不仅仅是我。有天阿君知道我在云南大学开会，便告诉我："不要吃什么会议餐了，出来等我，我们吃豆花米线去。"说时她还咽咽口水，让电话这头的我都听得清清楚楚的。进了那家小小的店才知，阿君竟是这里的常客，每次跑老远来只为吃碗米线。

他家的豆花米线的确好吃，过后我又怀疑，因我喜欢豆花，在街上见了卖豆腐脑的，一定会买一碗来吃，闲时在家也会出去买些回来用白糖拌上半碗喝下去，所以我不知是我喜欢了米线里的豆花，还是喜欢了豆花里的米线。

豆花米线并不是家家都能做得好吃的，也许正因如此，辣辣小吃的生意才会天天这么好，并且有名得人人都知道。他家的店面非常小，小得仅能坐 20 来人。每次去，都见店内人满为患，门外还有人在排队，于是每次都放弃。这次一提要去他家吃豆花米线，呼呼啦啦就凑了 6 个人：排队的、端米线的、占位子的都有了。但就是有了位

豆花米线

素豆花米线

子，坐在那里也会被人挤来挤去，没有位子的，就只好站着或蹲着吃。

好吃吗？好吃。但如今，再好吃的食物都不至于好到让我独自一人去排队买票、端米线、等位子的地步。或许是因为长大了，对喜爱的东西不如从前执着了。

喜欢米线，喜欢豆花，却不一定连豆花米线也喜欢——如果它做得一般化。不知这是因为世故了，还是懂得选择了。只是有些叹息，再也不可能有当年的那一层欢喜了。

黝黑罐罐里米线洁白

店　　名：祥云美食城
地　　址：昆明市五华区宝善街（近同仁街）
推荐指数：★ ★ ★ ★ ★

午独自一人在一家名为详云美食城的小店吃罐罐米线时，留意到坐在我前面的一对夫妻。男子背对我，女子面对我，她穿桃红 T 恤、牛仔裤和粗跟皮鞋，肤黑、方脸，动作有些粗犷，并不赏心悦目。我一直看她，不过是因为吃罐罐米线比较费时间，从罐罐里夹出米线，放小勺里吹凉后才能入口。我不抬头看她，就得一直盯着这罐米线。

云南人的有趣就在这里，能把米线吃出很多种名堂：臭豆腐，与米线一起煮；豆花，配着米线吃；卤鸡，放在米线里；鳝鱼，煮好了舀在米线里；羊肉一样，煮好切片放在米线碗里……更因为对煮米线的器具不同而分为大锅米线、小锅米线、砂锅米线、罐罐米线。米线的包容与随

罐罐米线

意，坚实了云南人在饮食口味的千变万化中对它锲而不舍的情感。

罐罐米线何时风靡昆明已不可考证，它是继砂锅米线之后又一追求味道浓烈、香味四溢的创举。罐罐米线在配料上和砂锅米线不同，多加了薄荷、豆瓣酱等，臭豆腐也不再是可加可不加的，罐罐中必定会放上一两块。煮时用小火，煮熟前加一勺碎酱肉。罐罐的口小，香味全焖在了罐里，它的味道比砂锅米线更为香浓。所以我宁肯对着一只罐罐消磨许久时光，也要吃这米线。

我边吃米线，边看那对夫妻。他们俩只点了一碗酸汤洋芋，各端一碗白米饭，吃得有滋有味。汤碗里只一把勺。男人拿起来就对嘴喝，喝了半勺又放回碗，还咂咂嘴。女人也用那把勺盛了汤来喝。

昆明女孩爱米线

　　我讨厌有人吃东西咂得嘴响，也不习惯两人共用餐具。这也许是文明的错，使人不得如此濡沫与共。

　　这时，那对夫妻已吃完，碗里不剩一粒米、一滴汤，女人心满意足地离开位子。男人说："老板，收钱。""15块。"男人递了钱，走出门去，女人就站在门口，与他一同离开。这时才看出，那女子明显高过她丈夫。

　　我并不知道这是不是我喜欢吃罐罐米线的原因：可以一面悠悠地品尝米线，一面慢慢地品味他人的生活。不过，吃罐罐米线是需要勇气的，罐罐黝黑，看着十分油腻，若是讲究一点的人只恐无法享受这份美味。但只要能够坐下来，能够等到罐罐上桌，能够对罐罐的黝黑与油腻视而不见，并能够置一桌陌生人的环视于不顾，那么当罐罐中浓烈的香味扑鼻而来时，就欲罢而不能了。

　　云南人对待米线的这份情感是坚实的，不用理会它是盛了一勺豆花还是配了一勺鳝鱼，又或几片羊肉，都改变不了对米线味道的喜欢。盛放米线的容器则不以其外表来定论，无论是绘有牡丹花的华丽大碗还是黝黑罐罐，都无法藏住米线的味道。

卷粉中卷着的
寻常生活

店　　名：八街双双卷粉
地　　址：昆明市安宁八街青云路和八景路交叉口处
推荐指数：★★★★★

安宁八街好像是一夜出名的，就因为玫瑰。我们是以买玫瑰的名义去到八街，只为吃一份卷粉。

配料多多
的凉卷粉

又滑又爽凉卷粉

　　米磨成米浆后，榨出来的是米线，蒸出来的是米粉。因蒸时是用圆形托盘，米粉成形后是圆形薄片，为便于携带，一张一张卷成条状，所以称为卷粉。西双版纳、普洱一带的卷粉做得薄，切得窄，称为米干。

　　无论什么吃食，都与原料和手艺有关，卷粉也不例外。安宁八街的双双卷粉非常出名，因其更为筋道、爽滑，有人甚至在网上出高价购买其制作方法。除此之外，调料也非常出彩，看似寻常的甜酱油、辣椒油、葱、姜、蒜等，还有花生米、黄豆面、韭菜。吃到嘴里，又酸又甜又爽滑，又辣又香又筋道，口感丰富，非常爽。特别是夏天来吃一碗，什么山珍海味都可抛开。我就见有人到外地工作后叹道：我想念安宁，想念八街，想念双双凉卷粉。

　　我与几个好友去店里吃卷粉，一边吃一边嚷着要多买点带回家，惹得后进店来的人很不愿意。你们吃那么多，还要带走，我还能不能吃上。店家则笑道：还有还有，最后一碗。

　　煮卷粉与煮米线一样，要佐以鲜肉末、豌豆尖、韭菜、芫荽、葱、腌菜，但相对而言，煮卷粉要简单得多，它对调料的要求没有凉卷粉那么高，所以通常买回家的卷粉都是煮了吃。虽说如此，也不是人人都煮得出一碗好卷粉来。当年，朋友来我家，刚好赶上我们正煮米线吃，父亲见米线快没了，特地为朋友煮了一碗卷粉。回到单位后，他时常想起那碗卷粉，认为是云南最美味的小吃。他到小吃店搜索，形容出它的样子，店家做了一碗给他。他

食客十分喜爱的卷粉店面

各种馅料的
越南小卷粉

吃后说："样子像，味道不对。"他不知道，父亲煮的米线、卷粉还有饵丝都是外面小店无法相比的，从北方来云南的他误以为只要是煮卷粉就是那种味道。

在云南还有一种卷粉，被称为越南小卷粉，做法是从越南传过来的。卷粉更薄、更小，裹有剁细、炒熟的香菇、木耳、猪肉粒等，一卷一卷放在盘子里，蘸放有酱油、醋、小米辣椒的调料吃。

但要吃凉卷粉，还是得去双双卷粉。

回家路上，见到一辆车，车身上写着：双双卷粉。众人惊讶：一碗凉卷粉，竟然还动用了专车送货，可见它受欢迎的程度。只是，不知道这碗凉卷粉，什么时候能够送到我家楼下。

从一碗凉粉中回到往昔

店　　名：吴家营三辣子豌豆粉
地　　址：昆明市呈贡县吴家营村（近大学城）
电　　话：15925105720 15808751820
推荐指数：★★★★★

早已听过呈贡的豌豆凉粉有名，我却觉得不过如此。小茶说："怎么可能家家的都好吃，是专门有一家的。不过你找不到。"

趁有空，小茶带我去吃这有名的豌豆凉粉。我笑道："真是吃货，为碗凉粉跑这么远。"当然我也曾为一碗卷粉跑到安宁八街。小茶却说："说是吃凉粉，就是出来走一走，玩一玩。"

小茶带着我，这里拐，那里绕，一边绕一边还说："记好路，下次你就找得到了。"结果三绕两绕，我便完全晕了。连小茶自己也晕乎乎的，说时常过来，还是走错了路。虽然如此，我们依然在正午到了这家店门口，呈贡吴家营三辣子豌豆粉店，在一个小巷道里。

　　小茶说她有亲戚住在附近，带她来吃过，此后每年总要来几次。那时小茶的女儿还小，时时就会说："妈妈，我要吃黄豆腐。"告诉她："不是豆腐，是凉粉。"过两天，小小茶还是缠着她说："我要吃黄豆腐。"小茶一面说一面笑，暖意荡漾。

　　进了店，时间还早，但已开始营业，有人在吃，吃的人吃完了又去买半斤或一碗两碗地外带。小茶说，这家店的凉粉往往下午两三点就卖没了。

　　小茶活泼可爱，逢人便一脸笑意，就是别人正忙碌，见了她，也会满脸笑意地与她说上几句。她一进店，就指给我看："她就是老板娘，十多年前我来这里吃凉粉，就是她在这里。现在看到老板娘就感觉亲切。"便与老板娘搭讪。老板娘刚接一笔订单，有公司来订170碗豌豆凉粉，她正一面指挥小工装碗，一边为零客打调料，听见小茶说话，便冲小茶笑，以示欢迎。

最具盛名的吴家营豌豆粉

　　小茶对我说:"吃吃看,看喜欢不喜欢这个味道。"我说好吃。虽然说好吃,小茶还是遗憾:"过去是石磨做的,颗粒有点粗,但是口感特别好。现在是机器磨的,滑滑的、细细的,但口感没有过去好了。不过他们家的调料好吃,辣椒太有特点了。"

　　临了想买点带回家,小茶却早已和老板娘说好外带,她带两碗,我带五碗。

豌豆粉混搭凉卷粉

拌上辣椒油的凉粉最馋人

小锅卤饵丝

店　　名：端仕小锅
地　　址：昆明市五华区文林街 74 号
电　　话：0871-5312908
推荐指数：★ ★ ★ ★ ★

把饵块切成丝，称为饵丝，面条是扁的，米线是圆的，饵丝是四方的，更筋道更糯绵，饵丝与饵块一样，可甜可咸可煮可炒，不过饵丝更柔韧，饵块更绵软。

说到饵丝，便不能不提端仕小锅卤饵丝。小锅米线是一绝，小锅卤饵丝自然也不差。据说民国年间，玉溪人翟永安在昆明端仕街开办永顺园，卖小锅米线与饵丝。一日，翟师傅劳累过度，饵丝下锅后，便跑去看后面的抽水烟筒，待回到厨房，小锅里的汤全干了，偏偏顾客催得急，翟师傅只得把卤水与红油放入锅中，翻颠数下倒入盘中上桌，怎知顾客吃后大大叫好，问是什么，翟师傅顺口答："卤饵丝。"如今，卤饵丝已是昆明著名的小吃。

那时候，父亲常在周末带着我，走过穿金路，穿过北京路，顺着青年路一直往前走，到长春路后，再转入端仕街，如此走十几公里的路去吃一碗卤饵丝。端仕街原名断事司街，因清代衙门"断事司"而得名。这条两百多米的小街有官府眷宅居住，据说为取"为官端正"之意改名端仕街。

　　卖端仕小锅的店很小，人很多，我烦不胜烦，排队买票、排队取饵丝、等座位。愿意去吃这碗卤饵丝，也不过是陪父亲罢了。后来，我的女儿发现了卤饵丝，一进小吃店就只知道卤饵丝。我尝了尝她碗中的饵丝，才明白为什么当年父亲要如此大费周折地去吃那碗饵丝。这时因旧城改造，端仕街已吃不到端仕小锅，但它搬到了文林街。于是，我又带着女儿去文林街吃小锅卤饵丝。虽然如今这碗卤饵丝在文林街，但它依旧命名为端仕小锅，因为这已是一个品牌。

　　只见炒饵丝的师傅把油舀入铜锅，放饵丝，再加入肉汤、肉丝、腌菜、豌豆尖、甜咸酱油，不停翻炒，汤汁收干后入碗。碗中的饵丝色泽浓烈，并随热气散放出让人垂

端仕小锅店面

涎的香气。这饵丝看着油吃入口却不腻，闻着香进嘴味更浓，让人爱不尽，吃一碗总嫌不够。莹漾更欢喜不已，声称是最好吃的饵丝。

　　不过我还是难忘当年位于端仕街的店面，窄小的铺面，简陋的餐具，我等座位，父亲等饵丝。纵算现在的端仕小锅店面堂皇，这又有什么关系，我要的，也只不过是那些只属于我的过往和温馨场景。只是仍旧觉得幸运，虽然端仕小锅已不在端仕街，但我还能够吃到它：坐进端仕小锅店内，点一碗卤饵丝，配一碗葱花汤，时光就好像在卤饵丝腾腾的香气中，回到了过去。

端仕小锅饵丝

端仕小锅卤
饵丝

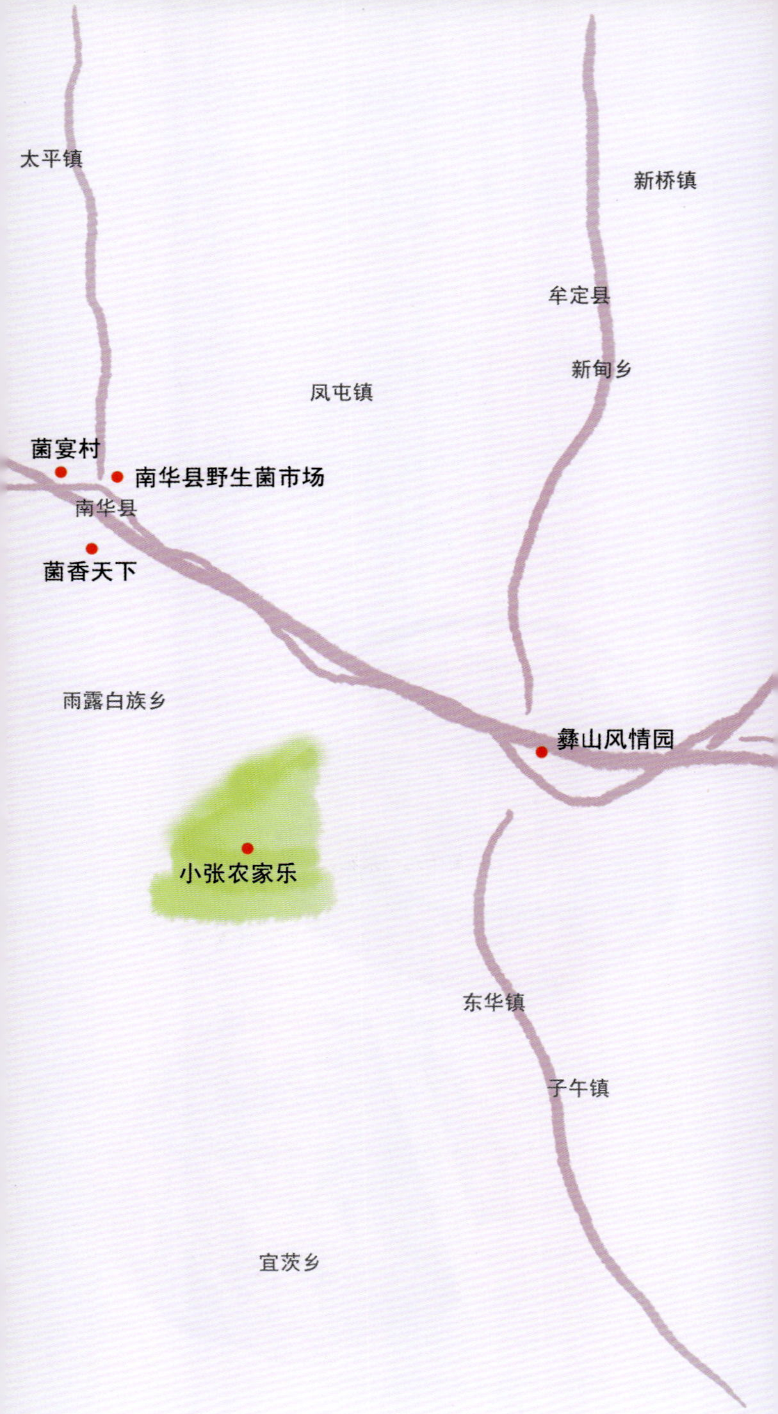

太平镇

新桥镇

牟定县

凤屯镇

新甸乡

菌宴村

南华县野生菌市场

南华县

菌香天下

雨露白族乡

彝山风情园

小张农家乐

东华镇

子午镇

宜茨乡

Part 2
路上的楚雄
鲜美的菌子

菌子是一朵花，蹈烈火、入滚油、烩辣椒、溶砂盐，把它的荣耀和甜美绽放在舌尖，懂也好，不懂也罢，每一朵菌，一生一世，只开这一次。

菌子大聚会——菌火锅

店　　名：菌香天下
地　　址：南华县食品药品监督管理局往东 180 米
推荐指数：★ ★ ★ ★ ★

菌子是夏秋两季的童话。雨后，大地迫不及待地举起朵朵小伞，却追不上雨的步伐。伞凋零，雨水又至。大地不担心雨水的浸润，只是看见人们在雨中举了伞，童心未泯的它不甘示弱地长出朵朵小伞，不图遮雨，只为有趣。

雨水初过，走在山林中，会看见菌子俏皮地开在路边。有白色的，如木耳般一片一片的，长在树根下，薄得透明；有孤独的一朵，像位俏女郎，戴了顶紫边沿帽；有四五朵挤着挨着从泥土中探出头来，就像刚见世面的孩子般欢欢喜喜地看世间纷繁；两朵小巧袖珍的菌也知自己的红艳要有陪衬才更引人注目，于是立在绿莹莹的青苔中，不摇不摆，如画一般。因为这都是些不能食用的菌子，所以才能在人来人往的山林中悄无声息地探头出来，慢慢展开菌瓣享受晨光和微风，然后静静地老去、枯萎，化为泥土。而那些能食用的菌子已被早起的人拾了去。拾菌的人要早起，提一只竹篮，扛一根长棍就上山去了。竹篮装菌，棍子开道，打落露水，扫开蛛网。拾菌回来，已满腿泥，一身露水，更多的则是内心的欢喜。一次在乡间遇上位卖烤玉米的老太太，我问，除此之外还有什么收入。她立即说："上个月，我捡了一大朵干巴菌，卖了80块钱。"说时皱纹里满是喜悦，一再说，"80呀。"我笑道："真好。"

不止老太太欢喜，食客们也是欢喜的。到菌子上市时节，常能听到人们在闲谈中说到它。本地人如此，外地人到了云南后，也一门心思地盘算着吃菌。有朋友来昆明，我问她："想吃菌子还是吃过桥米线？"她一听菌子就眉开眼笑，一点也不顾及自己的淑女形象，抓着我的手臂直摇，说："菌子！菌子！"还有一位朋友，为吃菌火锅，差点误了航班。此后数年间，每和我通电话，必然要说："真想念那天的菌子……"此语说得千回百转，似是一场相思。

香飘四溢的菌火锅

　　在云南，吃菌子最奢华的方式是煮菌火锅。我曾在菌香天下吃过几次，味道还不错，不过，最初我不太喜欢，认为在同一口锅中煮的菌类太多，会混淆了各自的味道而不那么鲜美。有年夏天，姨妈从新疆来，特意带她去南华吃菌子。因为菌的品种太多，一次吃不过来，便选择了菌火锅。到饭店后，进厨房转一转，看见了琳琅满目的菌子，老人头、鸡油菌、刷把菌……

　　我没有料到菌火锅鲜美可口的程度简直无法言说，结果人人吃得肚皮滚圆，连那一大锅汤都恨不能喝个精光。饭店门外还有农妇转悠，出售盛在背箩和竹篮里的菌子。没有经过旅途颠簸的菌子特别新鲜，每一朵都水灵。我买了许多，母亲打趣道："你要回去做菌席？"师傅在一旁笑道："你这么喜欢菌子，以后常来。"店老板则特意过来说："我们主打的是羊肉菌火锅，你们来晚了，羊肉都卖完了。下次来尝尝，更鲜，更香。"我不由得叫起来，以为已吃到最鲜美的菌火锅了，怎知还是第二位的！

野生菌火锅店

菌中珍品——鸡枞

店　　名：菌香天下
地　　址：楚雄州南华县食品药品监督管理局往东 180 米
电　　话：0878-7226668
推荐指数：★★★★★

夏秋两季，每当车过南华，父亲总要为一种名叫鸡枞的菌子下车。据父亲说，许多地方都有鸡枞，独南华的最鲜香。那些年月，每逢父亲买鸡枞回来，都要在厨房里忙碌到深夜。他把大部分鸡枞清洗出来，茎干切片，伞瓣撕小，油炸；剩下的一小部分放到阳台上摊开，以备隔天尝鲜。

幼时，家中鲜见零食，偏偏嘴馋。遍寻食物不得后，开了厨柜，吃一二丝油鸡枞解馋，哥哥为此告我状，说贪吃贪心。我磨磨蹭蹭走到父亲身前，心内忐忑。父亲没有责怪，反而伸手摸摸我的头，长长叹口气，又细细叮嘱道："想吃就把罐子拿下来。"

日子一天胜过一天，零食渐渐不稀罕，而我一如既往

菌子

地喜欢鸡枞。长大后，就不是父亲一人在厨房忙碌，我往往守在一旁打下手。父亲削菌杆上的泥，我清洗，父亲切鸡枞为片，我生火。一个晚上，就为了鸡枞忙碌并欢喜。鸡枞炸好，我和父亲一人盛一小碗米饭，就着鸡枞吃得心满意足，胃肠鼓鼓，才去睡觉。

　　隔天中午，把晾在阳台上的鸡枞拿进屋，清洗，大蒜切片，皱皮辣切丝，有火腿的话，切丁，没有的话，鲜肉片也行，若嫌麻烦，不用肉片也可以。鸡枞爆炒熟后，盛起一碗，余下的就在锅里，加水煮为汤。桌上有了炒鸡枞和鸡枞汤，就算让桌边人放下碗筷立即位列仙班也无人肯答应。油炸鸡枞则收起来，以便冬春两季都能回味夏秋的浓郁之香。

　　鸡枞之鲜美无物可比，性情又随和，炒、炸、煮汤，无论怎样做，均是人间至味，因而自古便有菌中之王的美誉。据说鸡枞有文字记载，已有 2000 年的历史，赞美的诗文更是层出不穷。明代杨慎有诗："海上天风吹玉枝，樵童睡熟不曾知，仙翁近住华阳洞，分得琼英一两枝。"清代赵翼则写道："老饕惊叹得未有，弄哉此鸡是何族，无骨乃有皮，无血乃有肉，鲜于锦雉膏，腴于锦雀腹，只有婴儿肤比嫩，转觉妇子乳犹俗。"当年，唐玄宗对杨贵妃宠爱得无微不至，杨贵妃爱吃荔枝，偏荔枝"若离本枝，一日而色变，二日而香变，三日而味变"，为让她吃到新鲜荔枝，唐玄宗运用了"一驿过一驿，驿骑如星流"的驿邮，运送荔枝。几百年后，又有皇帝利用驿邮来运送无法保鲜的食物，这一次，皇后、贵妃一概不得，皇帝自个享用了。书中记载："明熹宗嗜此菜，滇中岁驰驿以献，惟客魏得分赐，而张后不焉。"

　　如此佳品，自然每一年都不愿错过。每当车过南华，总要下车，在市场上买点鸡枞，又去菌香天下去吃点鸡枞才肯回家。

肉质细嫩的鸡枞菌

提味鲜品虎掌菌

店　　名：南华县野生菌市场
地　　址：南华县龙川镇龙坪南路
推荐指数：★★★★★

这天，我在南华县的野生菌市场里转来转去，转着转着突发奇想，问一个卖菌的小伙子："有虎掌菌吗？"我是因为父亲才知道虎掌菌，它的味道十分鲜美。多年后在昆明得见，竟无人能识，父亲以十分便宜的价格买回，炒一部分，晾干一部分。炒出来的那一碗，干硬鲜香。晾干的那几朵，用袋子装起，父亲说炖鸡时用。但自那以后，昆明很少能够见到虎掌菌。于是那几朵干菌，就这样存放着，炖鸡时，父亲会拿出来看一看，终究不舍得吃，又放回原处。父亲说，虎掌菌非常难寻，它通常生长在高山悬崖的草丛中，而且喜欢独处，不似其他菌子，一长就一窝。因而父亲小时侯就很稀罕它。所以，那几朵不舍得炖汤的虎掌菌其实寄托着父亲心底对家乡的思念。

听我问虎掌菌，正忙碌着的小伙子把嘴努了努，示意

黄虎掌菌

我看一只筐子。那只筐上有数朵菌，但不见虎掌菌。"在哪里？""那不是？牛肝菌旁边。"那里的确有一朵菌，灰黑色，菌盖上有不规则的鳞状花纹，菌盖中心下凹，使得菌柄中空。这不是我认识的虎掌菌。小伙子解释道："这是黑虎掌。"它的确有几分像虎掌菌，而且拿着它，心里竟有几分惧意。放下它，又在市场里走来走去。绕了整整一圈，偌大一个市场，竟只有那一朵虎掌菌。突然感觉到缘分，我莫名其妙地在那个小伙子的菌摊前问起虎掌菌，而整个市场只有他那里有一朵。这么一想立即焦急，万一它被别人买走怎么办？这样的擦肩而过简直有几分可怕，这种可怕远远超过了我面对那朵虎掌菌时心怀的惧意。匆忙找回去，见到它，悬着的心才放了下来，20元买下。这时才细细看这朵菌，越看越觉胆寒，特别是菌盖背面，不像青头菌是乳白色扇子样的皱折，也不像红把菌鲜黄的平面上分布许多小孔貌似海绵，它长着密密麻麻的针刺，似动物的毛，而又根根挺立。卖菌的小伙子担心我暴殄天物，细细交代说："鲜吃也可以，不过许多人都是晾干，或者磨成粉，炖鸡时撕一片或者放一小勺。"听起来竟是味精的用法。

关于虎掌菌，还有个传说，称其是金虎星的脚印所变，能解百毒，当年曾救过建文帝一命。它是否如此神奇我不知道，不过，书中称它"有避蝇、防止食物变馊的功效"，民间也有"虎掌配菜，三日不馊"的说法。

市场里有我吃过的那种虎掌菌，它是黄虎掌菌，掌状，黄色。相对而言，它便宜许多，3朵16元。但我想了想，还是放下了。商贩把它们放回原处，神色间透出几分失望，却不知道我心里有无尽的哀伤。因为父亲晾晒的那几朵黄虎掌还存放在袋子里，父亲却已远去，而我再也没有机会告诉他，虎掌菌分为黄、黑两种。

青椒炒虎掌菌

爆炒牛肝菌

店　　名：菌宴村
地　　址：南华县 G56 杭瑞高速入口
电　　话：0878–7226869
推荐指数：★★★★★

菌子上市时去到饭店吃菌，必点爆炒牛肝菌。这天我路过南华，忍不住停下车来，进了一家名为菌宴村的店，点盘爆炒牛肝菌，果然是那么好吃。

牛肝菌含多种营养物质，与灵芝、松茸、冬虫夏草并列为四大菌王。种类也多，有黄牛肝、白牛肝、黑牛肝、红牛肝等。红牛肝最有趣，手一碰触，立即青了。一个人若太娇气，稍微碰到就嚷痛，云南人会骂："豆腐做的，碰一下就坏了？"但菌盖肥厚、菌把粗壮的红牛肝菌却不是豆腐做的，它似个大咧咧的村姑，健健康康，强强壮壮，就是青成一团了，也一声不吭。红牛肝捡时青了几个指头印，洗时又青了大半，切时已整个地青了——切开后的菌肉都是青的。不识它美味的人，见这模样，先就心寒几分。不过没关系，把红牛肝菌切片，多放猪油和大蒜，再放皱皮辣，炒时不要粘锅不要炒煳，特别是锅铲上，不能粘有菌片，以免其半生。红牛肝软滑鲜香，十分美味，因而尽管炒时已事事小心，吃的时候也要有所控制着，不能因其美味就放开了大块朵颐——红牛肝有一点点毒性，这是炒它时一定要配以有解毒作用的大蒜和猪油的原因。倘若红牛肝菌买得多，可用胡辣椒取代皱皮辣，炒时就把水分收干，可存放很长时间，到没有菌子的冬天再拿出来，让夏天的滋味由此而绵长。炒干的红牛肝吃时干香有嚼劲，是不同于油鸡的另一种好味道。这也就是为什么明明知道它含有毒素，在菌的种类多得数不胜数的云南，还不舍让它下桌的原因。每一种菌都有自己的香，自己的味，谁也替代不了谁。不过，牛肝菌中，含毒素的并不多，如白牛肝、黑牛肝、黄赖头就可以放心地吃。

牛肝菌之所以广受欢迎，是因为比起鸡枞和干巴菌，价格相对中庸的它另有一种全然不同的好味道。鸡枞的香绵长，干巴菌的香霸道，牛肝菌则在鲜嫩爽滑间香味浓郁。此外，菌子上市时节，去到餐馆中，大多都有爆炒牛肝菌。这道菜，对厨师的要求不严苛，只要餐馆中有卖，点一盘上来，几乎没有不好吃的。

青辣椒爆炒牛肝菌

青椒炒芭蕉芯

店　　名：小张农家乐
地　　址：楚雄市紫溪山山路中段
电　　话：13618787511
推荐指数：★ ★ ★ ★ ★

　　第一次吃芭蕉芯是在青年路上。那里新开了家驴肉火锅店，配以芭蕉芯同煮，十分爽口。同伴们邀约着，隔三岔五过去大饱口福。后来忙于琐事，许久没有去吃芭蕉芯和驴肉。有次路过青年路，却看不到那家熟悉的小馆，不觉怅然，以为再也吃不到芭蕉芯了。不一定喜欢驴肉，也不一定喜欢芭蕉杆，喜欢的只是有家熟悉的店，卖着熟悉的吃食，只要路过，就会回想起那段由陌生至熟悉的时光。这份念想，不知是对时光逝去的不舍，还是对自己走过的岁月有着莫名的眷念。

　　4月天，樱桃熟了，约朋友去楚雄紫溪山摘樱桃。紫溪山的樱桃果然名不虚传，又大又甜又水灵。吃完樱桃，就去了小张农家乐，点菜时，一眼看到芭蕉芯。老板娘笑嘻嘻地说，在芭蕉尚未开花时，采其嫩杆，剥去外皮，余下泡水中去涩味即可，可以凉拌，可以素炒，也可以炖肉。老板娘说不要看不起芭蕉芯，认定它只是用来喂猪的，但芭蕉芯清热解毒，味道也可口。其实不用她宣传，虽然没有驴肉，我也是一定要尝尝素炒芭蕉芯是什么味道。

一盘青椒炒芭蕉芯端上桌，色泽说不上多好看，却大受欢迎，因其细腻可口，味道鲜美。

朋友第一次吃，朋友妻则说农人智慧无穷尽，能够如此废物利用。芭蕉芯是废物吗？当然不是。没有芭蕉芯，芭蕉杆怎么能够挺立？怎么可能在庭院中让人写下"芭蕉叶上独题诗"的句子？也不可能"更闻帘外雨潇潇，滴芭蕉"。

除了青椒炒芭蕉芯，还有凉拌树花和凉拌大叶芫荽。树花又名天花菌，长在原始森林里，柔软的它似棕黄色的胡须在树上生长，所以又叫树胡子。

原汁原味农家菜

青椒炒芭蕉芯，清淡可口

酱曝芭蕉芯，佐饭佳肴

大叶芫荽是傣家菜必不可少的作料，拌鬼鸡、烤鱼、煮杂菜汤。渐渐各地都有了，用来做凉菜，把大叶芫荽和小米辣切细，倒半瓶老干妈豆豉，拌入氽过的蕨根粉中，开胃爽口。这里却不用它去配以什么菜，直接凉拌了吃，也是道受欢迎的菜。

到了农家，自然要吃他们自己腌制的腊肉，看着肥，入口却不油腻。

临别，去厨房内找店家，却见她又在炒芭蕉芯。这次是配以肉末，先将芭蕉芯在锅内爆炒，再加入肉末。店家见我垂涎，笑道："你可以尝一尝，我炒得多。"说着盛了一铲子放进一只小碗里，递给我，我忙找筷子来夹一筷送入口，又是不同于炒青椒的味道，但鲜美依旧。

棠梨花之味

店　　名：彝山风情园
地　　址：楚雄市开发区彝人古镇正大门口公交车站牌旁 563 号（高新技术产业开发区正对面）
电　　话：15887766656
推荐指数：★★★★★

每到春来，在云南的山间便会看到一树树白花，比梨花小，比樱花厚实，这便是棠梨花。棠梨花是云南人最家常也最喜欢的野生可食花卉。要吃棠梨花，不能等花开，在小花苞时就得采摘下来。

野生花卉通常有股苦涩之味，要经过焯水、漂水两道工序才能去除。棠梨花苞采回后，烧沸一锅水，倒入棠梨花，快速搅动，两分钟之内便舀起，然后用凉水冲洗，直到花苞的热气不再烫手，再漂入清水中。每天换一次水，如此两三天后，苦涩味全无。现在，菜市上卖的棠梨花已经过焯与漂两道工序，买回家淘洗后就可以直接做菜。

棠梨花可以素炒，也可以配以猪肉。我最喜欢的做法是用豆豉炒，锅中多放油，油热后，放入煳辣椒，再放棠梨花，最后放豆豉。不要看棠梨花都是小花苞，又被烫水、凉水如此又焯又漂，颜色也从嫩嫩的绿转为隔夜茶般，又暗又黄，但吃入口中，花的清香味依旧在。这多少让人讶异，不知这小小的花苞把清香藏在何处，竟然从沸水中过，在凉水中漂数日，又进滚油，清香之味都不消散。

有人会用棠梨花做煎饼，将猪肉剁细，拌入棠梨花与糯米面，揉匀后做成饼，放锅中煎熟即可。还有人把棠梨花搅入鸡蛋中，煎着吃。也有人把棠梨花当配料，炒腊肉时抓一把放进锅。相较而言，我还是喜欢豆豉炒棠梨花，以咸豆豉浓厚的味，衬得棠梨花的香越发真实、具体。

在云南野生可食花卉中，棠梨花价格便宜，因而十分大众，几乎家家户户每到春来都要吃一次。赏春品花，在这凡俗的尘世生活中，自有一份于生活于春天的用心和雅致。

春天里出门，在外吃饭时，棠梨花也是必不可少的。一次在一家名为彝山风情园的饭店内，吃到腌菜炒棠梨花，又是另外一种好滋味，腌菜的酸，使得棠梨花的香更为浓郁。

腌菜炒棠梨花

梨园休闲庄

洱源县

茈碧湖鲜鱼庄

观自在海稍鱼山庄

宾川县

漾濞彝族自治县

石井私房菜　　大理白族自治县

白族特色菜馆

山海轩庭院餐厅

祥云县

姐妹饭店

巍山彝族回族自治县

珍珠泉农家乐

南涧彝族自治县

Part 3

大理，风花雪月的惦念

如果有一种美艳是天空蔚蓝、云霞华丽，有一种陶醉是鱼虾鲜美、花朵纷繁，有一种日常生活是风花和雪月，那它一定是大理。

用水库名字命名的那条鱼——海稍鱼

店　　名：观自在海稍鱼山庄
地　　址：宾川县观音箐（离观音阁约1公里处）龙王庙南行100米
　　　　　路东
电　　话：13529637677
推荐指数：★★★★★

假日，我与朋友到宾川，一半为宾川的风景，一半为它的鱼。

大理的鱼非常有名，大体是因为水质及大理人的烹调手艺。过去我不喜欢吃鱼，认为有泥腥味，但大理的鱼不一样，特别鲜美，有次吃到海稍鱼，更是丢开斯文，举案大嚼。宾川隶属大理，它的鱼自然也不差，何况，海稍鱼本来就是宾川名菜。

海稍是宾川一个水库的名字，盛产白鳞鱼，以肉质细嫩出名，因是用水库里的鱼和本地水源做的这道菜，所以干脆以水库的名字为这道菜命名。

宾川海稍鱼因其知名度太大，在大理各县都能看到它的招牌，在昆明，也有店家做这道菜。我第一次吃海稍鱼就是在下关，后来每到大理，必然要找海稍鱼。

这次到了海稍鱼的出产地宾川，自然要品尝一下这里的海稍鱼与其他地方的有什么不同。在宾川，海稍鱼有两种做法，一种为酸辣，一种为清汤，通常一鱼两吃，一半酸辣，一半清汤。当然是视人多寡而定，并不拘泥于此。无论酸辣还清汤，鱼必须是鲜活的，现杀现做，以保证肉质的筋道。

这天在观自在海稍鱼山庄，鱼一端上来，立即就闻到了熟悉又令我想念的香味，油黄的汤中鱼肉和豆腐白白嫩嫩的，洋芋则全部沉底。初时朋友们对我寻找海稍鱼的执着均不理解，这时吃到酸辣恰到好处、鲜香嫩滑的鱼肉，立即说："果然好吃。"我自有几分得意。

美味的海稍鱼

一分酸一分辣，十分鲜美的海稍鱼

　　海稍鱼除了做成酸辣口味的以外，还可以做成清汤口味的，煮清汤特别讲究作料，干辣椒面、花椒面、蒜泥、芝麻、淋上滚油，再放入味精、葱花等，吃时盛勺鱼汤倒进作料碗中即可。

　　酸辣的海稍鱼味道浓，肉质细嫩，清汤的鱼鲜美，肉质清香，各有各的好。

　　宾川的天特别蓝，云特别白，水也特别清。在这样的地方生长的鱼，自然也是纯粹的，还不仅仅于此，除了鱼，还有更多的享受。如螃蟹、蚌、螺蛳、蜻蜓幼虫等，有机会都可以尝一尝。

鲜甜鲫鱼大理吃

店　　名：白族特色菜馆

地　　址：大理古城玉洱路 98 号（玉洱公园正对门）

电　　话：18213313361

推荐指数：★★★★★

我一直非常喜欢大理古城，认为它比下关更具韵味，脚下青青的石板路，头顶把天空勾勒成波状的瓦都让人喜欢。古城随着时光的步步前行一点点在变化，越来越像个市场，但它仍然美丽，街边的垂柳在微风中梳理着枝条，潺潺的流水在脚边缓缓流淌。就是街道两侧的商店里琳琅满目的白族刺绣、工艺品，以及玉器、银器，都使人感觉到一种温和。生活的温和、生命的温和、喜爱凡尘的温和、体味尘世的温和。

这地方的鲫鱼，自然也不一样。大理的餐馆通常是清丽婉约的白族小院，墙上绘有山水，院中种有花树。这次我们到的餐馆又不一样，院子里种了许多竹子，几个人在竹林下打牌玩麻将。我们点了鲫鱼，让师傅做自己最拿手的菜。端上来时，我怀疑又是海稍鱼，因配料完全一样，豆腐、洋芋、番茄，只是多了木瓜，而且洋芋特别多。但汤色不同，味道也不同，辣味重些，酸味少些。然而鱼肉一样鲜美，一样使人吃得不宜乐乎，连洋芋都吃得干干净净。

　　黄昏的古城则安静了几分，但那种温和之感依然不变。四年前的某一天，我和朋友在洋人街喝酥油茶；三年前盛夏的一个夜晚，我带了女儿在洋人街吃烤肉，喝果汁。就是这样平凡的事，把地点移到了古城，移到了洋人街，就有了别样的情调。

　　出了玉洱公园，看见一家名为白族特色菜馆的餐馆。因为中午的鲫鱼特别鲜美，进去依然点了鲫鱼。大理的鲫鱼有各种做法，除了早上吃的洋芋鲫鱼，还有油煎、酱焖、酸辣鱼汤。这次，店家推荐清汤鲫鱼，说大理水质好，鱼的肉质也好，而鲫鱼的鲜甜一定要清汤煮才能品尝得完整，如果酱焖或酸辣，则会遮盖了鱼肉本身的好味道。清汤鲫鱼一端上桌，汤色看着就吸引人，店家又特别会搭配，绿

香味浓郁的焖鲫鱼

色莴笋、橘色胡萝卜、白色豆腐，一盆清汤鱼，看起来完全像幅水彩画。夹条鱼入碗，吃一口，非常美味，鱼肉自身所有的鲜甜，是我过去再也没有品尝过的。木华说："怎么会有这么鲜嫩的鱼，肉质这么好。"平日里，母亲最不耐烦吃的就是鱼，认为刺太多，又不够鲜美，巴掌大的一条鲫鱼都无法吃完，但这一次，她竟很轻松地吃了一条鱼，边吃边说："从来没吃过这么鲜美的鱼。"此外洋芋炒鸡块也不错，酱黄色，味浓肉香。

鲜鲜香香洋芋煮鲫鱼

清清甜甜豆腐煮鲫鱼

世外梨园里的农家乐

店　　名：梨园休闲庄
地　　址：洱源县茈碧湖镇茈碧湖北岸
电　　话：13308721732
推荐指数：★★★★★

梨园是座古老的村落。这里三面环山，一面临水，因与喧嚣城市一湖之隔，又被称为世外梨源。名为梨园，是因为村里有上千株百岁左右的梨树。倘若梨花开时，必定宛若仙境。但这深秋时节也不错，黝黑斑裂的树干，黄绿相间的叶片，青绿的果子，多少有些水彩画的意味。

配白菜的木瓜煮鱼片

这里的梨园休闲庄

远近闻名，我们慕名而来，点了鱼，在大理，不吃鱼，又吃什么呢？

这时，细细的雨飘了下来，在梨树叶上汇聚，滴滴滑落。此时，我兴致大起，坐在梨树下听雨，女儿则躺到系在梨树间的吊床上荡呀荡，感受这一刻。

直到菜端上桌，我和女儿才不情愿地进屋来，但见了桌上的木瓜煮鱼，立时又欢喜起来。依然酸酸辣辣，依然滑嫩鲜美。这里的农家菜，比起食馆里的菜肴竟一点也不逊色，而且非常有意思，紫色的洋芋是自种的，鱼是茈碧湖里网来的，中华毛蟹是茈碧湖里养的，还有荷包豆。软软的、清香的荷包豆，也是自己种的。

吟唱大理民间通行的"八大碗"中有这样的词："红糟大肉寸寸方，酥肉蒸煮味尤香。五味拼盘花色美，粉丝情意长。又肥又大荷包豆，清炖猪蹄板栗汤。水煮鱼块香扑鼻，

加豆腐的酱鱼块

鸡汤似琼浆。"其中大体都知道是什么，就是这荷包豆，我一直没有弄明白。煎鸡蛋因有荷叶边而叫作荷包蛋，怎么把豆弄得有荷叶边呢？见了荷包豆才知道，这是一种豆的名字，而不是菜肴的名字。

我一面吃一面怀疑，在这样的地方，厨艺可能不重要吧。紫洋芋本来就比我们寻常吃的洋芋软糯几分，荷包豆本来就如此软甜清香，鱼就更不用说了，这样一湖好水，养出的鱼怎么能够不鲜美呢？

没有人理会我的妄想，个个吃得痛快异常。

号称菊花鱼片的木瓜煮鱼

洱海源头的火烧肉和泥鳅

店　　名：芘碧湖鲜鱼庄
地　　址：洱源县芘碧湖镇芘碧路（芘碧湖畔）
电　　话：13404972039
推荐指数：★ ★ ★ ★ ★

洱源，顾名思义，就是洱海的源头。洱源素有温泉乡之称，有诗写道："三步温泉四步汤，气蒸迷雾似仙乡。"数年前，我到洱源，早晨起来，见田边的小水沟冒着热气，十分惊奇。虽是冬天，也没有道理整片田地都环绕在袅袅热气中。走到田边，见小小的鱼在水沟中游得特别舒展，去触水，已准备好了会感受到刺骨的寒冷，却立即被暖暖的水拥抱，整只手伸进去，都是暖暖的。小沟里流淌的是温泉水。

去洱源，多半是为了泡温泉，当然也为了它的美食。

这天我们来到芘碧湖鲜鱼庄，吃到又黑又肥的火烧猪肉，看着有几分吓人，入口却不油腻，反而十分爽口。这道菜比较麻烦。白族逢年过节时，把肥猪宰杀后，用稻草

让人垂涎的火燎肉

或麦秆烧烤肥猪，一人煽火，一人用棍子拨动稻草，让火把整个肥猪烤成焦黑色，再用水将焦黑的毛皮刮去，然后开膛剖肚，把猪分成若干块，或食用或制成腊肉待用。

还有泥鳅，那钻在泥里生长的泥鳅，怎么洗都洗不净的泥腥味，我只吃过一次泥鳅钻豆腐就再不问津。但在洱源，还是愿意尝试。我们点的是芋头煮泥鳅。不但没有泥腥味，竟也十分鲜美，这真是奇怪的事。

虽然已爱上大理菜，但仍然有我不敢吃的，这就是生皮。把猪的臀部和后腿皮肉切成丝，用由葱、蒜、芫荽、炖梅、酱油等做成的调料蘸食。我一进厨房，师傅立即就像我推荐说："吃这个，这才是大理的特色菜。"我终究没有胆子尝试，只得放弃。

后来再到大理，依旧要吃鱼，渐渐地，鱼越吃越多，还吃到了如"内腹含琼膏，圆脊媚春酒"，被明代学者杨升庵称为"鱼魁"的弓鱼。但我不会分辨，只听说鱼身上有根刺如弓般弯曲。此外还有冻鱼，据说是把鱼和豆腐煮熟后，放入冰柜中自然冷冻，次日才吃，说来也奇怪，虽然是凉吃，却没有一丝鱼腥。这时我已听到略为准确的砂锅鱼的由来：明永历帝当年为逃避追兵，不敢住宿，就在驿道边休息，饿得头晕眼花。地方官员为了使永历帝吃上热腾腾的饭菜，把精心做好的鸡、鱼等菜肴倒进保温性能良好的砂锅内，送去给永历帝。饿得直流口水的永历帝大赞好吃，砂锅鱼就这么流传了下来。这当然是传说，相对而言，我更为喜欢金花吃砂锅鱼的胡编乱造，因这里面有着人与人之间的温情，另一方面也说明了并不是只有帝王在饿得头晕眼花时才懂得品味民间佳肴，真正的美食本应在民间——在青山丽水间得天独厚地代代传承。

又肥又黑火烧肉，入口不油腻，反而十分爽口

好吃好看金雀花

店　　名：山海轩庭院餐厅
地　　址：古城区人民路 117 号 (小菜市对面)
电　　话：0872-5365777
推荐指数：★ ★ ★ ★ ★

金雀花在可食花卉中是比较金贵的一种，也是到云南后非要尝一尝的 7 种花之一，因无论哪一种版本介绍云南的书，只要提到菜肴，都会为金雀花写上一笔：金雀花煎鸡蛋，金雀花肉茸汤。只是一直不得见其植株。

金雀花肉茸汤

清甜的鸡蛋
炒金雀花

早先市场上鲜见金雀花，父亲出差时买回来放冰箱里，隔三岔五炒了吃，我并不是特别喜欢。父亲一直劝说："清热又治头晕，多吃点。"但我们仍然不愿意多吃。那时我喜欢与豆豉同炒的白杜鹃花和棠梨花，贪其味浓。等我喜欢上清香雅淡的金雀花时，菜市场上已有很多人一筐筐地卖了。相较其他在菜市场出售的花朵而言，金雀花的价格一直偏高，卖菜人对它也不像对待其他花朵那么粗放，称好算清账后，还会抓一大把丢到秤上或袋子里当作旺头。而对金雀花，总是小心翼翼地一面看秤一面一小撮一小撮地往秤上放，看够不够斤两，若够了，多加一朵花也是不愿意的。

芙蓉金雀花，这道菜不仅名字好听，还好看好吃。我曾在山海轩庭院餐厅里吃过这道菜，味道不错。据说，这道菜有两种做法。一种做法是把金雀花去蒂后漂洗，与鸡肉一块拌入鸡蛋清同炒，白肉中缀黄花，入口异常鲜美。还有一种做法是把金雀花与鸡蛋同炒，再撒上熟云腿粒，这道菜名为鸡茸金雀花，白蛋中镶黄花，红色的肉好似蕊一般，放入盘中，倒似一朵花，也是一道十分美味并可口的菜。

不过，我做时并不这么复杂，我甚至不去蒂，只把花清洗后拌入鸡蛋爆炒，花多鸡蛋少，放上桌，蛋白花黄蒂

补血补气金雀花

绿，十分好看。没有鸡肉或火腿来夺味，入口便全是花的清香清甜，家人都喜欢。春季，我那十分嘴刁的女儿从幼儿园回来，见桌上有这盘菜，也会拿双筷子过来："我要吃花。"有时煎了鸡蛋，她也误以为花朵藏在鸡蛋间，吃一口之后会问："怎么不好吃了？"

金雀花不仅好吃，还是一味药，通常的说法是滋阴和血，健脾祛风，治疗头晕头痛，耳鸣眼花。《滇南本草》中记载："主补气补血，劳伤气血，寒热痨热，畏凉发热，咳嗽，气虚下陷者良效。"如今在许多药物中可见金雀花的成分。总说"是药三分毒"，我却想，毒也好，药也好，花开的季节不吃，又待什么时候呢？何况，若细细论究，什么植物没有于人有益有利的功用呢？总不能都说成是药便有毒吧，所以我吃得心安理得。

有人曾为金雀花作诗："侯门爱金雀，金雀颜色好。化作枝上花，凌春独占早。冶游亭馆多，芳容等闲老。东风一飘零，不及涧边草。"这么好的花，哪能容它不及涧边草呢？所以每到春来，总要把它隔一日又放上桌，一面珍惜这朵花，一面也让家人用餐时都欢喜。每次买时，也总要多买一些，分一半带给父亲，一方面因为父亲喜欢它的好味道，另一方面，也是不舍它的芳容老去。

把牛奶做成扇子

店　　名：石井私房菜
地　　址：古城区玉洱路下段 330 号（鸿运网吧的巷子左转）
电　　话：13577877776
推荐指数：★★★★★

喷香的油
炸乳扇

牛奶做成扇子

　　卖，真不知是谁的创意。但每次吃乳扇的时候都会感觉到，人类的智慧真是无穷无尽，深不可测，只看是否能够用在生产、生活中。我曾在石井私房菜吃过乳扇，其味道和创意都给我留下了深刻的印象。

　　牛奶挤出后，一天都存放不了，大理白族就将其做成乳扇。小时非常喜欢这种固体的牛奶，每次炸出来，都欢喜得似过年。乳扇在油炸的过程中，不但会散发出乳香，还会凸起一个一个的小泡，吃时我会把小泡弄破，往里面撒上白糖，又香又甜，好吃得不得了。饭后还要吃几片才算心满意足。

　　同学中有大理人，一次开学带了乳扇来。学生生活很艰苦，没有油、没有锅，连火也没有，我们把乳扇一点点撕了放进嘴，让它在口中慢慢溶化。就是这样也觉得好吃，数人围坐，吃得津津有味又小心翼翼——担心很快就吃完。

有一年一行人去大理周城，这群人均是吃鱼高手，偏偏那时我最不喜欢吃鱼，一是鱼有股泥腥气，二是鱼有刺。结果这些人全不体谅我，一点就数盆鱼，在我要求点别的菜时，来的是一大盆油炸乳扇。那个中午，在一桌鱼中，所幸有那盆乳扇。乳扇油炸出来后，颜色特别好看，乳黄中有几斑焦黄，看着就有食欲。至今也不知道为何那天的菜均用盆盛出，只是想起大盆，就想起那天的乳扇。

后来我知道了乳扇的其他做法，油炸后趁其还软时裹上豆沙卷成卷；切成细粒拌入蛋花中，煮稀饭；喝茶时切几丝放进去……街上还有白族女子卖烤乳扇，佐以草莓酱、花生酱、玫瑰糖、奶油等，但吃来吃去，还是不如油炸的。乳扇油炸后乳香味特别浓郁，又酥又脆，是其他吃法无法比拟的。而裹以豆沙，虽然精致了，却甜得有些腻人。油炸后撒白糖，撒多少依自己口感而定，甚至不撒也是可以的。我想，也许许多习惯是小时就养成，包括饮食上的，就像我吃乳扇撒白糖。

刚做好的乳扇

卷着浓浓乳香的烤乳扇

云南十八怪 牛奶做成片片卖
烤乳扇 2元

　　刚开始炸乳扇，总是掌握不好火候，往往炸得焦黄。后来一点点试着来，也能够把它炸起许多小泡，而且又香又脆。为了追求完美便将乳扇在锅中多炸几秒，炸起几块焦斑，看起来就很漂亮了。

　　有一次去一位白族朋友家，他家在屋檐下晾晒了一排乳扇。女主人见有人来，立即进屋，稍过一会就端出一盘乳扇来，没有炸也没有煮，只是剪成小片。大家均欢喜，拿起来就吃。我虽然也这样吃过乳扇，却不知道竟然可以这样待客。于是入乡随俗，也拿一片来吃，果然好吃，入口全是奶香。

　　虽然乳扇比之牛奶，存放时间能长许多，但也很短暂，封好了放，很快就会长霉；摊开了放，又会干硬，炸出来后的口感就差了些。而且如今的乳扇也有好坏之分，好的乳扇，入锅即软，起锅便脆。不好的乳扇，入锅会化，又或略不小心，就炸成硬硬的一块。因而遇到好乳扇，总要多买一些，但存放就要格外注意。将乳扇放到冰箱冷冻层里，想放多久放多久，既不会霉也不会变干硬。于是家中总会存有乳扇，每当餐桌上的菜不够时，就用它来凑一盘。且每一次端它上桌，就没有不受欢迎的时候。

微酸鲜香的弥渡卷蹄

店　　名：姐妹饭店
地　　址：弥渡县弥城东寺坡1号
电　　话：15989624281
推荐指数：★ ★ ★ ☆ ☆

早年随父亲去弥渡，黄昏的街边，寻得一家饭馆。至今记得，那家店里有盘菜，好看好吃，名为卷蹄。因为我喜欢，父亲每到弥渡，都会带一坛卷蹄回来。每逢餐桌上没有荤菜时，就去坛里捞只卷蹄，切片，配上坛里的萝卜丝一道蒸出来，微酸、鲜香，特别可口。就是萝卜丝也十分下饭。

父亲说，卷蹄是经过加工的蹄子，在做卷蹄的时候，把骨头剔出，再把切成条状、揉搓上配料的瘦肉塞进去，用绳子捆扎起来。腌两天后，放水里煮熟，晾凉再放进坛里，一边放，一边用萝卜丝和炒米粉把缝隙填满。然后把坛子密封，半个月后就可以吃了。卷蹄在坛子里会越放越酸，偏偏我最爱这股酸味，从微酸吃到酸味正好，通常一坛卷蹄也就吃完了。这时坛里还会有萝卜丝。萝卜丝切得细如发丝，每一丝都粘有米粉。因吸入了卷蹄的油，蒸出来后，看着就油汪汪的，也是我的最爱。

那时，父亲买回卷蹄来，母亲总会捞出一只两只分送给邻居，连同萝卜丝。因为卷蹄和萝卜丝，我们家也终于有了可以与邻居们分享的美食。

许多年后，我随母亲回老宅。阿姨买菜时路过我家门口，见大门打开，立即过来问："你们回来了？"母亲匆匆出去答应："回来收点东西。"阿姨立即说："中午来家里吃饭。""我女儿说不好意思，每次回来都去你家吃饭。"阿姨说："有什么关系，加两双筷子的事。"中午去阿姨家，叔叔特别认真地说："来我们家吃饭有什么不好意思的？你爸爸还在的时候，每次出差回来都会给我们买这买那，就是卷蹄都吃了好多。来吃顿饭还说不好意思，就是见外了。"

简简单单的一荤一素一汤，却让多少人想起故乡

于是我一面客气，一面神伤。

　　这一次，特意去弥渡吃卷蹄，只是弥渡已不是当年模样，也找不到那年黄昏中的饭馆。并没有特意打听和寻找，见街边有家店名为姐妹饭店，想来是姐妹俩所开。坐进去，点盘卷蹄。依旧是当年的口感，微酸、鲜香，这滋味一入口，就想起过去家里蒸卷蹄时，满屋都是这带了一丝酸味的香气，让我一闻到就食指大动。久违的味道再次入口，禁不住想：是因为卷蹄的好味道才想念，还是因为想念曾经为自己买卷蹄的人，才附带想念它？这是无解的题，虽然已不是那年的黄昏，那年的小店，卷蹄却依旧是那年的味道，吃一片，便铭心。

吃一片就难忘的弥
渡卷蹄

初吃密祉豆腐

店　　名：珍珠泉农家乐
地　　址：弥渡县密祉镇文盛街珍珠泉旁
电　　话：15096922758
推荐指数：★★★★★

🄾 🄲 🐢 👤 👫 ⛲ P 🔊 🚲

说起豆腐，在云南最响亮的是石屏豆腐、建水西门豆腐、倘塘黄豆腐和密祉豆腐。密祉，这个名字连许多云南人都陌生，但一说到东方小夜曲《小河淌水》，就人人都知道了。密祉，就是《小河淌水》的故乡。

豆腐口感的好坏，与水质和黄豆品质有很大关系。石屏豆腐是得益于不足 1 平方公里内的地下水，建水豆腐是因为用了水质甘甜的大板井水，倘塘有黄石渣山泉，而密祉，则是因为有珍珠泉。珍珠泉洁净清甘、爽口，密祉人取珍珠泉水做的豆腐、黄豆粉、甜米酒等，品质都非常好。到了密祉，自然要去吃豆腐。

路上问人："哪里可以吃豆腐？"密祉人非常热情，立即指点："一直走过去，过了桥就有一家。""他家豆腐做得好吃吗？""好吃，好吃。"路上连问数人，得到的答复都一样。于是一路找了去。

　　珍珠泉农家乐是个白族小院，夫妻两人正在厨房里忙碌着，一打听，原来下午有人定了数桌宴席，正在准备。

　　随意点几道菜，自然都与豆腐有关，金丝豆腐、锅贴豆腐，本想点一个豆腐菜汤，女主人却说："已经有豆浆，再点菜汤会浪费。"竟然还有担心我们点菜太多吃不完的店家，我立即就认为她心好人漂亮。

　　豆浆果然好喝，又浓又香，口感十分纯正；金丝豆腐也做得特别好看，看着就不忍下筷。问怎么做的，说是把豆腐切成小块，用面粉加鸡蛋调匀，掌控好油的温度煎制而成的。吃一筷入口，又酥又脆，小小的豆腐块裹在里面，有点软，有点香，口感特别好。忍不住问掌勺的男主人："你发明的这道菜？"他有些羞涩地笑道："有道叫蜂

金丝豆腐、锅贴豆腐和瓦片火腿

豆浆

珍珠泉豆腐宴是珍珠泉农家乐的特色菜

窝玉米的菜，我把玉米换成了豆腐。"原来如此，蜂窝玉米也是道又好吃又好看的菜，它与金丝豆腐相比，各有千秋。锅贴豆腐则是把豆腐切成一块一块的用油煎，再配以莲花白。去吃农家菜，通常以口感为主，而这里的豆腐却做得很精致，倒有几分不似农家菜了，难怪会命名为豆腐宴。当然，我们这次没有能够吃到豆腐宴，那至少得十来人才能开席。

女主人说，他们的豆腐好，不仅仅是珍珠泉的缘故，黄豆也选得好，而且不用石膏点，他们用做豆腐的酸水点，这样点出的豆腐香、嫩，口感好，无酸味。

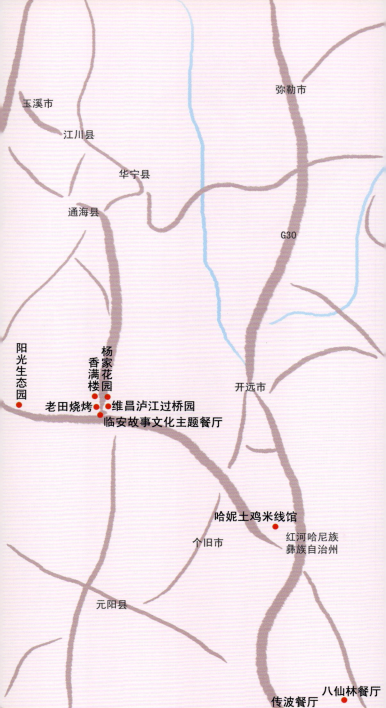

玉溪市

江川县

华宁县

通海县

弥勒市

G30

开远市

阳光生态园

杨家花园

香满楼

老田烧烤　维昌泸江过桥园

临安故事文化主题餐厅

哈妮土鸡米线馆

个旧市

红河哈尼族
彝族自治州

元阳县

传波餐厅

八仙林餐厅

Part 4

美艳红河的清甜与鲜香

悠长岁月中，总有一个缺口，随着日常三餐的酸甜苦辣，流进一些快乐，流出一些忧伤，并永生不忘。

建水汽锅鸡里的情深意长

店　　名：临安故事文化主题餐厅
地　　址：建水县临安路 97 号（临安故事主题文化客栈一楼，天君庙斜对面）
电　　话：0873-3189480　15025210036
推荐指数：★ ★ ★ ★ ★

女儿莹漾刚能走稳路，就会跟着爷爷出门去找好吃的。我爸通常把她带到过桥米线店里，点一份过桥米线，再点一份汽锅鸡，祖孙俩分而食之，吃个肚滚肠圆才回来。

云南人吃鸡，有多种选择，傣族的柠檬鸡和香茅草烤鸡、景颇族的鬼鸡、昆明人爱吃的洋芋鸡和手撕鸡、西山区的花椒鸡……滇菜向来以辣为主，说川菜辣，云南人总要不紧不慢地分辩："他们是麻多辣少。"说湘菜辣椒多，云南人便会说："我们的辣椒辣。"这些鸡虽然各有各的口感，却都不离一个"辣"字。沾益区的人干脆把本地特色炒鸡命名为辣子鸡。但是过桥米线和汽锅鸡硬是从辣中

"突围"出来，成为云南人以食物自身鲜香征服老饕的代表之作。

　　小时候，我就知道家里有只奇怪的锅，陶红色的它正中有一个空心管子，从锅底通至盖子附近，锅身绘有几枝兰草。这只被称为汽锅的家伙不但在那一群金属的炒锅、汤锅中独树一帜，而且地位崇高，只有年三十才被请出来，做一道菜，名为汽锅鸡。这锅鸡通常由父亲打理，他把洗净的鸡切成小块，和姜、盐、葱一道放入锅内，如果家里有虫草、三七、天麻什么的，也可放进去。盖好盖子后，再用纱布在盖子和锅间围一圈，堵严缝隙。这样鸡肉鸡汤的香气不外泄而格外味美鲜香，又营养滋补。一切弄好后，把汽锅放进一个装了半锅水的大汤锅中，待汤锅中的水烧开后，蒸汽便进入汽锅中间的空心管子，将锅内的鸡肉蒸

从临安故事客栈的大门进去，就可以找到临安故事文化主题餐厅

汤色亮、鸡肉鲜的汽锅鸡

熟，同时蒸汽形成水滴滴入汽锅中，这就是鸡汤。这个过程非常漫长，得数小时。这样蒸熟的鸡，汤色金黄清亮，肉嫩而不软，入口鲜香。

汽锅鸡由建水人杨沥在清代乾隆年间所创，据说当时杨沥母亲卧病在床，他为挣钱给母亲抓药，绞尽脑汁，用建水城西北近郊碗窑村的陶烧制成汽锅，独创出这道菜，相传皇帝吃了这道菜后，龙颜大悦，赐名为杨沥汽锅鸡。

因而在建水吃汽锅鸡最为正宗，而建水人，又多半推荐位于指林寺内的党校饭店，在这里吃过汽锅鸡的食客，莫不称赞。指林寺开始改造后，便找不到这家饭店了，有次去同样位于临安路的临安故事文化主题餐厅吃汽锅鸡，也不错，汤鲜亮肉鲜嫩。

忘忧草，黄花菜

店　　名：香满楼
地　　址：建水县翰林街 63-6(近朱家花园)
电　　话：0873-7655655
推荐指数：★ ★ ★ ★ ★

性味甘凉的黄花菜又名金针菜、柠檬萱草、忘忧草。

我会做黄花菜粉丝汤，黄花菜、粉丝、午餐肉同煮即

香满楼餐馆

鲜美清甜的黄花菜粉丝汤

可。鲜美清甜是自然的，并不见得有多好吃。我做菜很难色、香、味俱全，往往以口感为主，卖相奇差。偏这碗汤十分漂亮，红红白白黄黄，像幅水彩画。

这道菜，在建水吃过，好吃又好看，看着也不难，回来后就自己做了。家人果然喜欢，并连连称赞。

那时父亲是不让我下厨的，他说女人会做的事越多越辛苦，把我当宝贝来宠，因而我在家里属于典型的君子，不入厨。这事许多人知道，每逢父母出差，会有人似好心似无意地当着众人说："你父母都不在家，你又不会做饭，晚上来我家吃饭。"还会有人隔天问我："昨天吃晚饭没有？"其实我并非什么都不会做，一碗黄花菜汤就可替我挣回面子，只是我愿意请她们来家喝这碗汤吗？并不。我关起门来，煮给家人喝，可见我并没有被这些事烦扰过。当然父亲过分宠爱，也的确让我笨拙，转眼许多年，我早为人妻人母，却依然无法在切菜时使刀声如歌。

有一天，我教一个女孩怎么做这道汤，她问："用火腿替代午餐肉行不行？"我恍然大悟，原来菜谱也是可以变动的。而我一提黄花菜就只知道配以粉丝、午餐肉，不过因为在建水餐馆里吃到的这道菜是这样搭配。如此呆板，的确不是大厨的料，当年那些人的取笑，原也没有错。

再在菜市场见了黄花菜，还是要买回来和粉丝、午餐肉同煮，这时已和我第一次做它时相隔了 20 年。吃这道菜的人，往往会把汤都喝得干干净净，然后去找乳酶片。突然发现，劳累与否是相对的。想来，父亲也明白了这一点，因而每当我入厨，总要问一声："又做什么好吃的？"

又到建水，却找不到当年那家餐馆。不过在孔庙门外的香满楼，又吃到这道菜，当它端上桌时，一时间，前尘往事，都在心中纷沓而至。

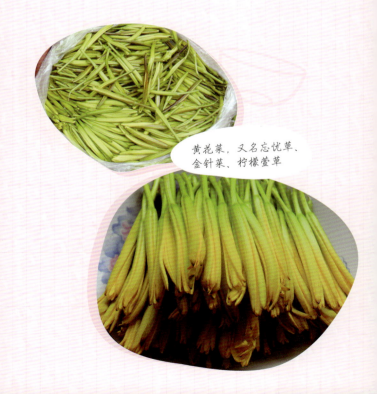

黄花菜，又名忘忧草、金针菜、柠檬萱草

建水西门豆腐

店　　名：老田烧烤
地　　址：建水县小西庄综合市场 1–3 号商铺
电　　话：13628733934
推荐指数：★★★★★

芝麻街上建水人新开了一家小吃店，卖米线、面条、炒饭，这些倒没有什么特别的，不过建水人讲话好听，音调起伏很有味道，如唱歌一般。虽然学不来，但听着她们说，也觉得动听。我走进店去，吸引我的，是烧豆腐。"云南十八怪，豆腐烧着卖"。其时"烧"是云南方言，"烤"的意思。

烧豆腐四四方方，用栗炭烤得鼓胀起来，如吹过气一般，变成了一个一个的圆球，豆腐越好，烤得越涨，豆腐越老，味越浓，吃起来也就越带劲。通常有湿碟和干碟两种调料，干碟是辣椒面和盐，湿碟则是卤腐汁、芫荽，讲究一点的店家，还会有切得碎碎的侧耳根，也就是鱼腥草。卤腐，自然不是超市里那种白得没一点火色的，而是云南本地的，裹了厚厚一层鲜红辣椒面。

　　这种豆腐块油炸也好吃，过去明通后门的小巷里，有许多小吃店，卖各式各样的小吃，数不胜数。就有人支了大锅，站在巷道边，油炸土豆和豆腐。豆腐被炸得鼓泡泡的，调料也不过是一点辣酱，但就是好吃，而且好吃得不得了：香、酥、脆。

　　吃烧烤首先是老田烧烤，他家的烧豆腐是必点的，如果不吃烧豆腐，就相当于没有吃烧烤。但吃烧豆腐，却不一定必须吃其他东西，许多建水人开的小吃店，都会在门口支个火炉，只烧豆腐。

　　一次请朋友吃烧豆腐，朋友见了招牌上的字就问："为什么是西施豆腐，不是豆腐西施呢？"我听了大笑不已，朋友定睛一看，也笑了，招牌上写着的是"西门豆腐"。

　　西门豆腐并不能算一个品牌。做豆腐，与水的品质大有关系，水质好，才做得出好豆腐。西门豆腐的意思是，

闻着臭、吃着香的烧臭豆腐

西门井旁的豆腐作坊

又酥又脆的油炸奥豆腐

这豆腐来自建水，用西门外大板井的井水所做。大板井又名溥博泉，此名出自《中庸》"溥博渊，而时出之"，因井水甘甜，经久不涸，被誉为"滇南第一井"。因而用大板井做的豆腐称为西门豆腐，煮的茶水称为西门茶。上过央视纪录片《舌尖上的中国》的曾记板井豆腐坊，就在大板井对面，这里的两位工人一天要做六七千个豆腐。在这里，一样的豆腐，吃法多样，豆腐皮不仅仅是煮火锅和做腐皮白菜，还能油炸了吃，入口十分香脆，还微微带一丝甜。不过，我们最喜欢的，还是烧豆腐。

西门豆腐有时也被称为临安豆腐，临安是建水旧称。

异龙湖品荷花

店　　名：阳光生态园
地　　址：石屏县罗马线侧
电　　话：13769420898　15752504988
推荐指数：★ ★ ★ ★ ★

窗外的景色刚刚从田原换成满湖的荷，就有荷香从窗户缝隙间浸进车内，知道荷有香，是因为孟浩然的诗："竹露滴清响，荷风送香气。"但不知这里的荷香竟如此清纯，没有一丝缥缈。

为了亲近这些荷花，我们决定留在湖畔吃晚饭。一位女子带我们来到一家名为阳光生态园的店，找出牌来让我们玩，她则进去做饭。不一会儿，菜就一盘盘端出来，是些荷叶煎蛋、炒嫩荷等一些和荷有关的农家菜。蛋煎白荷花最引人馋，一瓣一瓣裹了鸡蛋油煎出来，放在盘子里像一叶叶的小船，入口初时脆咬时软，又带有荷的清香。荷叶煎蛋是一道中吃不中看的菜，荷叶剁碎，搅入鸡蛋中一同煎出来，颜色黄绿不辨，入口却喷香。还没有长出水面的嫩荷白白生生，切成薄片炒出来，莲孔细细小小，吃入口脆脆的。异龙湖的荷宴果然名不虚传。

女人一时出来为我们加茶水，一时又担心地说："我做的菜还能吃吗？"过一会又出来说，"什么不够尽管说，我去加来。"倒像我们是到她家做客。女人又走了出来问，"吃不吃莲子稀饭？"我顺口问道："多少钱一碗？"她笑了，说："一点稀饭要什么钱。今天我没有做，去前面那船上要了半锅来。"

听她一说我倒不好意思了。她自顾盛了两碗出来："尝一下，我们这儿的稀饭做得特别好。"冰糖紫米莲子粥，炖得烂烂的，入口即化，清甜香糯。

盛夏荷塘

蛋煎白荷花入口时脆咬时软，又带有荷的清香

女人的小女儿坐在一侧，在剥莲子吃。我喊她："小妹妹，来和我们一起吃饭。"女人听见，出来说："她天天吃这些，都不爱了，只是喜欢莲子，手又小，一天也剥不了多少。"我笑道："她有福了，生在这湖边。"

临别，我问女子，能不能卖几朵白荷花给我，我带回家煎吃。她笑着说："我给你，我给你。"说着就递了几朵荷花过来，坚决不收钱。

回到家，我匆忙把那几朵白荷花插进瓶中。早晨起来，第一件事就是去看荷，它不懂得旅途劳累，竟已开放。

有种幸福是红烧肉炖芭蕉花

店　名：八仙林餐厅
地　址：屏边县昆河路
电　话：13887314297
推荐指数：★ ★ ★ ★ ★

硕大紫红的芭蕉花

花中最富贵的当属芭蕉花。这不是指它的价格，而是说它沾染油荤的程度。第一次吃芭蕉花是在屏边，用酸菜炒的。那天放满桌子的不是花就是野菜，它并不出众，而且没有花的清香味。菜市上，硕大紫红色的它就躺在地上，很粗野，一点也不讨喜，我这异常爱吃花的人都作视而不见状。

但当芭蕉花与红烧肉搭配时，就成了人间至味，那叫一个鲜美。每次只要有这道菜，我都会不自觉地多吃一碗饭。记得我第一次吃这道菜是在屏边县昆河路的八仙林餐厅，吃过之后让人念念不忘。后来，我又和朋友打听了下这道菜的做法，朋友告诉我，其实这道菜的做法很简单，只需买罐红烧肉罐头来，与芭蕉花一同煮出来即可。

有时，我会从唇齿间去感受一项事物是否可爱，如果滋味美妙，连带也会认为这项事物十分美好。这种认知竟然也没有一点错的意思。

　　在屏边一个庭院中看到芭蕉花，有种惊艳的感觉。上面的苞片向后翘开，下面的苞片还包得很紧。翘开的苞片下，小朵小朵浅黄色的花齐排排地张着嘴，吐着小舌头，玲珑可爱。花后就是芭蕉，也是嫩绿色，有些害羞地紧紧抱住花苞，像蜡做的一般。它们的上面是排得整整齐齐的芭蕉，苞片已脱落，不再为它们遮风挡雨，它们也不再羞涩，反而有几分骄傲地挺着身子，虽然很细嫩，花都还没有落下，却已有几分兄长模样了。原来芭蕉花是要这样欣赏的，仰起头来，向上看。碧绿的芭蕉叶，嫩绿的小芭蕉，淡黄的芭蕉花，衬上紫红的苞片，色彩十分鲜艳。这时就不会嫌苞叶不够鲜亮，唯有这厚重的颜色，才使得芭蕉花清丽中带几分华美。而我最初见到芭蕉花时，认为它一点也不好看，那是因为不了解。

芭蕉花与红烧肉搭配，就成了人间至味

剔除雄蕊后泡在清水中的芭蕉花

如此一只芭蕉花苞，不知要开多长时间，但想到每一层苞片展开，都有花朵盛开，都有果实生长，这种感觉很美妙。

在云南有首歌是这么唱的："阿哥阿妹的情意深，好像那芭蕉一条根。阿哥好比芭蕉叶，阿妹就是芭蕉芯。"一株芭蕉从地下钻出来，一直往上生长，不会分叉，长到头，就开花，然后结果。掉了花，摘了果，这株芭蕉也就没有了生命。有人说，明年，它还会再长出来。也有人说，一棵芭蕉能长几株苗，每苗只结一串果实。如此一心一意的生命，倒也很有寓意。

再到屏边，买芭蕉花带回家后，正值大雨。我在家中把细嫩的花挑出来，剔除雄蕊，在开水里汆一把后泡在小盆里，以去其涩味。苞片也没有舍弃，把它们细细切了，任其躺在砧板上。屋内有股甜味在弥漫，电磁炉上炖着一锅红烧肉，雨水在窗外泼洒，汤水沸腾的声音和雨声混在一起，像首曲子，虽然凡俗，但很快乐。

让豆腐包上浆

店　　名：杨家花园
地　　址：建水县红井街(近南正街)
电　　话：0873-7661777
推荐指数：★★★★★

豆腐的大家族中，我最爱的是包浆豆腐。不知包浆豆腐何时出现，最初见到，是小商贩在卖。推个铁皮桶，桶里生着火，火上支块铁皮，铁皮上烤着豆腐。3元一碗，撒盐、辣椒面、芫荽、折耳根，豆腐烤得外皮焦黄香脆，一口咬下，里面流出白色的浆液，好吃得连舌头都想卷下。后来，我又在建水县红井街的一家名为杨家花园的店里吃了一次包浆豆腐，也非常好吃。

对于包浆豆腐，我最喜欢的吃法是煮火锅，把它倒入沸汤中，一会就鼓胀起来，夹入碗中，它又软下去，不再鼓胀，把外皮咬开，里面白白的浆液就流了出来，又滑又细腻，口感特别好。不光是我，大家都喜欢。自从有了包浆豆腐，每次吃火锅，白豆腐、油豆腐、冻豆腐都成了备胎——没有包浆豆腐的情况下它们才会出现。

包浆豆腐，顾名思义，是略具筋道的豆腐皮中包了软浆，外观和板豆腐一模一样，看不出端倪。吃了十来年的包浆豆腐，现在去菜市，也不会轻举妄动，非要让菜贩拿，因恐错拿成板豆腐。正因如此，有时菜贩贪心，包浆豆腐卖完后，会以板豆腐冒充卖给顾客。这事我在菜市、火锅店都遇到过。当然不是板豆腐不好，而是煮火锅或吃烧烤，板豆腐都不及包浆豆腐，倘若油煎或炒，自然又是板豆腐更胜一筹。不过，有的酒店的煎包浆豆腐也不错。其实，虽然做包浆豆腐比板豆腐多道工序，两者的价格却是一样的。

最早在文字中看到对包浆豆腐的描写，是胡廷武先生的《九听》："把板豆腐切成一寸五分长、五分厚的方条形，放进香油里炸，泛黄时捞起来，放到一桶水里泡一下……这种用油炸过的豆腐，放在汤里煮熟，一咬一包浆。"对于包浆豆腐的做法，书中说："那一桶泡炸豆腐的水里面，放的是食用碱。"因胡廷武先生是马关人，我一直认为包浆

被烤得鼓胀起来的包浆豆腐

豆腐的做法是从马关传出的。后来网上又传是建水一对夫妇误做而成，而且做法也简单，把板豆腐放小苏打水里泡六七个小时即可。

原来包浆豆腐的前身是板豆腐，所以仅从外表我无法区别两者，非要煮后或吃入口中才能区别。倘若煮了半晌都还不鼓胀，吃入口中里外一致的，那是板豆腐。有时较起真来，会在火锅店问服务员："你看看这是不是包浆豆腐？"有的服务员讷讷不能语，有的则能言善辩："可能是这次的包浆豆腐没有买好。"朋友为此语往往会生气，非要退了这盘豆腐。也会有比较实在的小女孩来道歉："包浆豆腐卖完了，所以上了板豆腐。"如此一说，大家都没了脾气，也就作罢。总之都是豆腐，也不一定非要争出个是非曲直来。

有时想想，板豆腐和包浆豆腐，如果不是经过火的烘烤，或经过汤的煮沸，谁能一眼就辨得清呢？就如与人的相处，如果不是经历过一些事，又怎么能够知道，谁表里如一，谁又内心慈软如菩萨呢？

一咬一包浆的
包浆豆腐

过桥米线最鲜美

店　　名：哈妮土鸡米线馆
地　　址：蒙自市缅桂路5号
电　　话：13808775598
推荐指数：★★★★★

菊花过桥米线颜色好看，汤味清香

小时在广播里听到过桥米线，百思不得其解，米线这么长，竟要过桥才能吃完一根？问父亲，他只说："那是用鸡汤来烫熟米线。"

后来知道，过桥米线是云南小吃中最有名的一种，以鲜美著称。把切得薄薄的肉片、鱼片放进滚烫的土鸡汤里，再放入豆芽、豌豆尖等，最后放进米线。我认为过桥米线的名气，有很大一部分是被外省人炒起来的。云南人喜欢味浓的食品，又嗜辣，小锅米线一类均要放油辣椒才爱，不能吃辣的外省人又想吃云南的米线，首选就是过桥米线了。而云南人吃时，有人还是喜欢放油辣椒。

关于过桥米线，还有一个典故：一对小夫妻，男的为考功名在一个岛上读书，妻子每天送饭过去，到了岛上饭都凉了。一次他妻子偶尔发现，滚热的鸡汤因上面覆了一层鸡油，凉得慢，于是便带了热鸡汤与米线到岛上烫给她相公吃。到那岛上要过一座桥，过桥米线因而得名。

过桥米线最讲究的是那碗鸡汤，油而不腻，香味浓郁

　　过桥米线的发源地蒙自，专门备案了"蒙自过桥米线"企业标准，对米线、原料、汤料、配菜等作了要求。蒙自的过桥米线，的确与其他地方不一样。碗更大，料更足，往往汤、米线、配菜端上来时，会被惊吓，这么多，能不能吃完？汤很烫，得慢慢吃，吃着聊着，突然间发现，那许多米线和配菜都被自己吃完，就是汤，也喝了只剩下小半碗。还有用作配菜的水腌菜，十分美味，也不舍剩下一丁点，虽然已腹饱肚圆，也要把它吃个干干净净。我曾在蒙自市一家名为哈妮土鸡米线馆的店吃过一次过桥米线，味道十分鲜美。

　　又有建水人称，过桥米线是他们首创的。不过文化名城建水果然在吃上也讲究，仅仅一碗过桥米线就弄出数个名字来。鸡汤中放入猪肉、鸡肉、鸭肉、鱼肉和韭菜、豌豆尖，称为四季常青；鸡汤中放入汽锅鸡的鸡肉，称为美凤归巢。此外，建水有一种水生蔬菜，形色似象牙，鲜甜脆嫩，名为草芽，在过桥米线中放入草芽，叫鹭鸶抬鱼，鱼是落到碗底的肉片，鹭鸶便是草芽。

　　昆明则有人在过桥米桥中加入菊花瓣，使颜色好看，汤味清香，所以叫菊花过桥米线。

那年的一碗草芽米线

店　　名：维昌泸江过桥园
地　　址：红河州建水县建水大道
电　　话：0873-7616559
推荐指数：★★★★★

天很热，我们走在路上，又累又饿。路边就有一家小吃店，但我们身上连一枚硬币都没有了。这里是建水，我们人生地不熟，只能在路边徘徊。

班里组织到燕子洞春游。从燕子洞出来，坐上一辆拖拉机到建水。如果没有出意外，我们应该已从建水回到校园。初次出远门的我们也没有经验，不知道出门在外，无论怎样都要留点钱傍身，以备急用，我们却在城里把钱全部花光。这一次的意外是汽车坏在路上，客运站又久久派不出一辆车来替换，所以已过去大半天了，我们还在建水。汽车依然在路边，司机让我们下车在路边等车后，就锁上车门，不知道去哪里了。同学们也散开，只有我和另外3位同伴在路边走来走去，我们身无分文，不知道晚上能不能回到学校，不知道司机什么时候回来。

　　"你们吃饭没有？"回身一看，江涛不知从哪里冒了出来。"没有。"我们均答得有气无力。"走，我请你们吃米线。"这一刻的江涛，有种豪气干云的气势，我们则惊讶："你还有钱？""这个你们就不要操心了。"于是我们转进路边一家小店，人人一大碗米线。每个碗里，还浮着数截白生生的细杆。"这是什么？""草芽，说是建水特产，我让他们多放了点。"米线好吃，草芽好吃，汤也好喝，人人吃得心满意足，碗里连汤都不剩一滴。末了，江涛还问："吃饱没有？没吃饱再来一碗。"后来才知道，江涛的包里其实也没有钱了，他是去找还有余钱的同学借了钱之后，来请我们吃米线，而那时候，还不知道晚上能不能回到学校，

嫩嫩生生的草芽
又名为象牙菜

草芽炒肉片，依旧脆脆
嫩嫩

也就是说，不知道能不能吃上饭，江涛为请我们吃米线竟然又把借来的钱花光了。

后来再去建水，总会想起草芽，它于我，简直是刻骨铭心的美味。在饿得四肢无力又举目无亲的时候，竟然可以吃到又脆又嫩的它。所以每次到建水，吃草芽是必须的。无论是煮是炒，草芽依旧脆脆嫩嫩，一如当年。

草芽是建水特有的蔬菜，种植在水里，因形状、颜色似小型象芽，又称为象牙菜。除了与米线同煮，草芽还可以炒肉片、凉拌。不过，最绝妙的搭配还是煮米线。吃过桥米线时，要先把切得薄薄的草芽片放进汤碗，然后才依次放肉片、其他蔬菜和米线，因为草芽鲜香滋嫩，会让汤更加鲜美。我在建水维昌泸江过桥园吃米线时，就发现配菜中有草芽，味道清香鲜美。

其实，同学聚会时，每提起燕子洞之行，都没有人说到那碗米线。不提起，真的不等于忘记，许多年过去了，每当想起那碗米线，草芽的清香都还在口齿间留连。

每提起草芽米线，那股清香便留连在唇齿间

被命名为抽筋的草

店　　名：传波餐厅
地　　址：屏边县玉屏镇昆河路
电　　话：0873-3226293
推荐指数：★ ★ ★ ★ ★

　　抽筋草一般长在路边，它纤细的茎匍匐而生，顺着地面爬着爬着沾了土，便又长出根来，长出根来也不停歇，又继续往前长，然后又依土生出根来。就这样一直往前生长，但也不是长长的一条，还有着许多分枝。慢慢地，它可以围绕着自己的主根长成一块绿毯。它的对生叶为椭圆形，开小朵白花，花虽小，却有 10 片花瓣，细细的花瓣十分精致。但若未留意，却是连它开花了也不知道的。

　　有趣的是抽筋草的茎。茎的中心有根韧性较大的筋，一扯它，茎皮便会断开，但中心那根筋却仍然相连，这就是它名字的由来。那根筋纤细又凉滑碧嫩，若说韧性好，轻轻一扯便断开；若说它脆弱，却又皮裂了筋不断。小时对此十分好奇，喜欢扯一根抽筋草，一点一点地使茎皮与芯脱离，虽

清新爽口的抽筋草

野菜抽筋草

没什么意义，却觉得好玩。但极长的一根抽筋草，也没法弄出一根极长的筋来，因到了枝节处必然断开。

多年后在屏边一家名为传波餐厅的店里，有一道菜就是它，主人家说其清凉。不一会儿，抽筋草小小的叶与茎，小小的花与果，与胡辣椒炒一盘后端上桌来，仍是绿莹莹的，入口并没有什么特别的味道，却也清新爽口。

我曾对女儿说，那时这些草是伴着我一起长大的，它们就是我的玩具与伙伴。我不但知道它们的名字，还知道每一样草可以怎么玩，它的花与果又是怎样的，直到长大不再以此为游戏，它们才从我的视线里退出。现在，已7岁的女儿才第一次见到抽筋草。这让我有些感叹：不知道是我们离自然越来越远，还是自然退到了我们的视野之外。

因而，每次外出，见到有野菜出售，总要买回，做了端上桌。但抽筋草也不易得，又是多年后，我再次见到它，在路边农人的袋子里，青青绿绿，一元一袋。立即买回，与豆腐同煮，汤色青绿，味道清新。但女儿竟然已忘了它，甚至忘记这纤细青绿的草曾陪伴她度过了一个长长的午后，而当时的她因为它是那么开心快乐。这让我怅然，暗暗想到，或许我对抽筋草的记忆，是因为在我的整个童年时代，它并不是偶尔出现，而是陪伴着我一天一天地长大，直到我不会再坐在草地上与这些小草们玩那些小小的游戏，它才淡出了我的视线。

抽筋草只是土名罢了，它真正的名字是小被单草，繁缕属，消炎，消肿，安胎。

勐养镇

基诺山
基诺族乡

西双版纳
族自治州

● 曼景傣味餐厅
● 傣味美食园
● 玉香园傣味餐厅
● 鸿运傣味餐厅

勐仑镇

仑椤梭江畔风味餐吧 ●
勐仑植物园

勐罕镇

● **傣族园饭馆**

橄榄坝傣族园

岩旺傣味农家乐
●

曼竜代村 ●
傣家乐

Part 5

西双版纳的酸辣交响曲

月光下的凤尾竹，藤桌上的菠萝饭，要用哪一支彩笔，才能绘出这一份好滋好味好年华？

清丽版纳的酸、苦菜肴

店　　名：鸿运傣味餐厅
地　　址：景洪市国道 213 旁
电　　话：13608787993
推荐指数：★★★★★

西双版纳的美，是在温婉和秀丽间，不经意地绘上浓墨重彩的一笔，使视觉有种突如其来的惊诧，从而再也无法忘怀它那深蓝天空中、被一片如羽般弯曲的棕叶勾纳在怀的皎月，以及那推窗即在眼前、被墨绿叶片片半遮半掩的艳黄果实。

当然，版纳吸引人的不仅仅于此。有商贩在街边出售水果，各式各样的水果摆放得琳琅满目，有形状颜色大小均如小番茄一样的羊奶果，有圆圆的墨绿色的怎么也听不明白名字的小果子。把生芒果切成条后拌上辣椒和盐，又酸又甜又辣，好吃得不得了。青涩的木瓜则切成细丝，拌上调料，又脆又甜，又辣又香。羊奶果也用盐和辣椒拌过，口味奇异，有种独特的味道缠绵在舌尖，又在口齿间留有清香。羊奶果难得，生芒果却常见，然而，无论我怎么拌，都没有那一晚在景洪街头吃到的那种美味。小吃如此，菜肴也不例外。

　　第一次到景洪，还没有住下来，就匆匆赶到鸿运傣味餐厅，品尝那传说中无比美味的傣家菜。酸笋炖鸡、香茅草烤鱼、竹筒饭，虽然我们点的傣家菜中规中矩，吃后仍然勾出无数相思。有盘油炸叶子，微苦却清香，我想那并不是什么难得的食物，许多野菜都微苦清香，一想到那天在竹楼上吃得酣畅的情形和唇齿间绝妙的滋味时，就去寻苦马菜或车前草，想做盘可口的菜。但自始至终，我都没有做出那种味道，也没有打探出来那被命名为苦凉叶的，究竟是什么植物的叶子。

　　酸笋却不难得，每年的年货街、中秋月饼街都会有酸笋出售。酸笋有股特别的味道，许多人说它臭得厉害，我

油炸苦凉叶

母亲就不能闻，凡买回家的酸笋一定要包裹得严严实实的。我却为了这股味道几成疯魔，只要闻到，就千方百计要寻到、买到、吃到，如害喜中的女子馋某样食物一般。这似病的爱恋直到昆明有了傣味餐馆才结束。当天晴得看不着一缕云彩的时候，又或心情灰淡得滋生不出一丝欢愉的时候，我都会想到傣家菜。天太热，要傣家菜的酸来调剂；情绪低落，要傣家菜的辣来调剂。

清清丽丽傣家菜

最具特色的傣家菜

店　　名：岩旺傣味农家乐
地　　址：勐腊县曼庄村内
电　　话：18308896898
推荐指数：★ ★ ★ ★ ★

请朋友到傣味餐馆吃饭，特别是外地的朋友，是非常划算的事。朋友大老远来到云南，自然是想看看云南到底有何与众不同。傣家菜里的鸡、鱼、肉都不再是寻常滋味，何况店中饰物的民族风情，服务员长长的筒裙，音响里傣家女子柔柔软软的歌，怎么都别有风味。朋友们也就因而久久不能忘怀这一趟云南之行。

无论位于哪里的傣菜餐厅，都会装修得神似傣家竹楼样，随处摆放着民族风味的饰物，语声温柔的小卜哨，再配以桌上色彩鲜艳、口感独特的佳肴，很容易就能使人铭记于心。当然，在勐腊岩旺傣味农家乐吃傣菜就更不一样了，这里更原汁原味。

酸笋炖鸡、烤肉、牛扒呼和撒撇是吃傣味必点的菜。傣族人说："酸笋炖鸡，不笑心也喜。"可见他们喜爱的程度。

撒撒主菜不稀罕，稀罕的是蘸水

苦笋喃咪

此外，傣族人爱吃牛肉，有句谚语说："傣楼少不了龙竹，傣味少不了牛肉。"据说他们早上起床后就会炖一锅牛扒呼，配以各种点心作早餐。牛扒呼是把牛肉、牛筋等配上香料炖到肉和筋都软趴趴的，再配以大叶芫荽、小米辣等。吃时入口即化，香味浓郁，汤也好喝，若泡饭，饭都特别有味。

一盘细米线和几片冷牛肉，一碗蘸水，就是撒撒了。看着简单，其实是道功夫菜，主菜不稀罕，稀罕的是蘸水。俗话说："汉炒、傣蘸、基诺舂。"傣家的蘸水十分特别，各样菜的蘸水均不同，有的把番茄烧熟捣碎，加入剁细的小米辣和芫荽即可。有的却十分复杂，撒撒蘸水的制作就让人叹为观止：把净瘦黄牛肉剁成肉酱，煮熟但保持其嫩度，配上香柳、大叶芫荽、小米辣等，若是柠檬撒，就加入柠檬，若是苦撒，就加入特制的牛苦肠汁，即牛小肠内的消化液经过滤、加水、煮沸后制成的黄绿色苦水。通常夏吃柠檬撒，冬吃苦撒。这道菜酸辣可口，十分受人欢迎。

一次请朋友吃饭，因我认为荤食最能代表傣味精粹，所以一桌菜就没有素菜。朋友开始时好奇，吃后又的确美味，吃饱后才想起：自己光吃荤菜受不了。立即再点一道菜，蔬菜喃咪。喃咪是傣语里对各种酱的统称，傣家有近10种喃咪，以用料的不同而区别开，常见的有3种，分别用螃蟹、竹笋、番茄制作。螃蟹酱是把螃蟹舂细，撒上盐，放锅里熬到水干备用，吃时加入辣椒、大叶芫荽等配料舂细拌匀。竹笋酱的做法与之相近。番茄酱最简单，把番茄放火上烤熟，去皮放碗里，加入配料剁茸即可。把蔬菜，如烫熟的莲花白、洋花菜，以及生黄瓜等蘸了吃，甚至还可以直接拌饭吃，酸辣可口，别有风味。此外还有虾酱，口味有些奇特，我不喜欢，但会吃的人一听到有虾酱，就是七尺大汉也会喜笑颜开的。

对于傣家菜，我不是样样都爱，剁生就不敢尝试。书上说："凡夷人会饮，切生肉杂野蔬与蒜食之，谓之剁生。"但傣家人爱，有谚语说："皇帝家的燕窝炖人参，不如傣家的茴香蘸剁生。"但又说，"吃惯螃蟹酱，剁生也不香。"既然不敢吃剁生，那就到勐腊吃螃蟹酱好了。

一桌傣家菜，少不了炸牛皮、烤鱼和喃咪

秀美曼竜代和美味炸牛皮

店　　名：傣家乐
地　　址：勐腊县勐腊镇曼竜代村
电　　话：13578117038
推荐指数：★★★★★

🍲 🌙 ⛅ 🚹 👫 ⛲ 🅿 📶 ♿

在勐腊，最有名也最正宗的傣味餐馆在曼竜代。这里要提前一天预订菜品，因其工序复杂，不事先预订就无法吃到正宗傣味。傣家人特别实诚，会告诉客人，时间不够，许多菜无法准备到位，他们宁可不赚这笔钱也不蒙骗客人。我曾在曼竜代的傣家乐吃过一次饭，那里的菜味道很不错。

在曼竜代品尝傣味别有趣味。傣家人热爱自然，崇尚自然，他们认为"保住山上常青树，沟底清水年年流"。因此从不上山乱砍伐，每到一地，必先种下一种名为铁刀木的速生树木作为烧柴。说来有趣，这又名为黑心树的树木一年能长两三米，越砍越发，而且燃烧时火力旺，又不爆火花，最适宜在竹楼中使用。因而在版纳，时常可见到这种"底下一棵桩，顶上一片林"的树。关于它，还有一个爱情传说：一位女子得知丈夫有外遇后去投江，负心郎得知后赶了去，一切已无法挽回。于是，他在江边化作黑心树，一生承受刀劈斧砍之疼。传说归传说，但傣族人珍爱树木却是不争的事实，傣寨所处之地，必然山清水秀，林木森森。

　　不知是否所有的傣寨都依江而建，但每座傣寨都有凤尾竹却是一定的，因为他们说："淘金十条河，不如栽十蓬竹。"而且每丛竹子都围有篱笆，不让牲畜进去拉拉绊绊。歌里唱道："月光啊下面的凤尾竹哟，轻柔啊美丽像绿色的雾哟……"纵然是在朗朗日光中，凤尾竹也有着使人在炎热空气中感受到宁静的美。它的每一竹枝都是喷涌而出的水流，直直窜出后，由粗至细，及至高处去势渐缓，竹尖朝下，在天空中勾勒出一个柔和的半圆。一丛凤尾竹，就如此波散开来，像一朵刚刚绽开的礼花，也像一注恒定的喷泉。傣家竹楼就掩映在竹丛间，秀气玲珑。进了傣寨，有浓而不腻的花香起伏涌动，这世间，可能再也找不出这样浓烈的清香了，这是柚子花。看到柚子花会有奇怪的感觉——怎么可能，这么香的花，竟从不听人提及；又怎么可能，这么小的

吃傣家菜必点的烤五花肉

炸牛皮

傣寨中清丽的餐馆

花，会结出那么硕大的果。整座傣寨，都弥漫在这香味中，而触目可及的枝干上，挂满了由大到小椭圆的果……

　　仅是这景色就惹人爱，何况竹楼中已有满满一桌佳肴呢？烤竹笋一股清香；酸笋煮鱼味浓而回味悠长；生鱼片考验人胆量；细如丝、绒如棉的青苔特别惹眼，入口即化；还有又酥又脆的炸牛皮。炸牛皮是傣族特有的传统食品，制作工序复杂，将切成块的新鲜牛皮蘸冷水后，用火烧，把污物刮去，放入冷水里浸泡 8 小时左右，洗净后放入锅里煮软，再刮洗，切成长条晒干，放在干燥处可储藏两三年。食用时用油炸，边炸边用铁钩拉皮条的两端，牛皮被炸得又泡又大，佐以傣家特制的调料，十分香脆爽口。牛皮还可烤着吃，将其埋入炭火中 10 分钟左右，发泡色微焦黄后即可。这项吃食有个传说：人类没有文字时，派了 3 个年轻的小伙子带着贝叶、棉纸和牛皮去寻找文字。找到文字后，就抄在贝叶、棉纸和牛皮上。然而在回乡的路上遇到暴雨，虽然生起火后，很快烤干了衣服、贝叶和棉纸，但牛皮却被雨水泡得软软的，只得把牛皮挂在火堆上一直烤到天亮。早晨起来，牛皮被烤得发泡变脆，3 人就把它作为食物充饥，发现它又香又酥，特别好吃。这项吃食就这样流传了下来。

茶花鸡和罗非鱼

店　　名：仑椤梭江畔风味餐吧
地　　址：勐腊县勐仑镇勐仑新街（中科院植物园老吊桥附近）
电　　话：13708614691
推荐指数：★★★★★

在版纳，非去不可的地方是勐仑植物园和原始森林。

勐仑植物园是个非常奇异的地方，里面开有许多花朵，行走中，一段有一段的香。有一种芭蕉，花如紫莲，却不结果。火烧花则是娇嫩的花朵，就开放在枝干上，因而喜欢打麻将的人称它为杠上花，当地人会把这种花朵摘下来用水汆后炒着吃。亚热带的花是大方的，它们奔放热烈，不同于别处的花朵羞涩婉约。它们一朵一朵、一枝一枝、一树一树，开得美艳自在。这一点在景洪热带植物园中也可感受到，有许多树开满了花，粉红、大红、橘红、紫红、洁白，无比明艳欢快。走近才知那就是昆明大街小巷均可见到的只有紫红和大红两色的叶子花，好像地域换了，平凡也可化为神奇。

肉鲜质嫩的
茶花鸡

　　这就如版纳的鸡和鱼。鸡是茶花鸡，据说是鸡的远祖，其瘦小轻盈，每张口叫唤，必是"茶花两朵"，因而得名。过去它几近绝种，后来云南省畜科院的一位研究生到景洪开了个大青树公司，把茶花鸡弄到寨子里封闭饲养，封闭指的是这座寨子不再养其他鸡，茶花鸡在这里却自由自在，整座寨子都是它们的天下。我曾参观过那个寨子，鸡们在树枝上飞来飞去，有趣至极。一次买了几只茶花鸡回家，莹漾一听名字美丽，以为是什么新鲜玩意，忙去开箱，立即飞出一只，不等众人反应过来，它已飞出阳台，随后就见它在三楼的平台上漫步——距我家阳台足足10层楼，由此可见茶花鸡的野性。茶花鸡非常小，但无论烤或炖，都无比鲜美。

　　鱼是烤鱼。傣族人把罗非鱼剖开，放入许多作料，除了能认出辣椒外，其余的东西我一概不知。再用香茅草捆好，放火上烤。这鱼现烤现吃味还次些，若用芭蕉叶捂一夜后再吃，就成了人间至味。那年带着女儿在景洪夜市吃烤鱼，凉爽的空气，高大的棕树，还有傣家老迷桃（意为老妇人）的笑脸和小卜哨（意为少女）温柔的语声，的确是十分惬意的事。但离开版纳，虽然没有了那如画的景色相衬，烤鱼依然无比美味。每次到版纳，必定要带的就是烤鱼。一次飞机晚点，到家已近凌晨一点，女儿竟为了这几条烤鱼支撑着不睡，等我回家。一听门响，立即飞快地接过我手里的袋子，找出烤鱼放进早已准备好的碗里。其实不仅是女儿喜欢，同去开会的人一说起傣家烤鱼，都口水横飞。有人说老公出差回来，得知带了烤鱼，半夜都爬了起来吃；有人说出门时家里人就嘱咐，别的都不用，就是烤鱼，怎么也得带些回来……

如果你去版纳旅游，也想尝尝这些美味，可以去勐腊县勐仑镇勐仑新街的仓椤梭江畔风味餐吧，那里做的茶花鸡和罗非鱼味道都很不错。

茶花鸡的得名，是它在啼叫时，声似"茶花两朵"

喷香的烤茶花鸡

用傣式方法
烤一条鱼

店　　名：傣族园饭馆
地　　址：景洪市勐罕镇南郊橄榄坝傣园路 1 号
电　　话：13398842178
推荐指数：★ ★ ★ ★ ★

傣族园饭馆做的烤罗非鱼，因其味浓肉香，十分受欢迎。傣族的烧烤让人垂涎，大抵是味道浓郁之故。去景洪吃烧烤，烤鱼自然是少不了的。同是罗非鱼，不知为何经了傣族人的手，就好吃许多，辣味适中，香味浓郁。

昆明也有许多傣味餐馆，每次去必点烤鱼，但差强人意，过咸又或过辣，又或味太淡。后来，二哥一家搬到版纳长住，二嫂回昆明前会来电话：要带什么？总答烤鱼。然而路途遥遥，带到昆明已变味。有次二嫂想出好办法，早晨才去买鱼，黄昏时就回到昆明。只是那次二嫂足足买了 10 条，放冰箱里慢慢吃，直吃得味道不再，便不敢再让二嫂买鱼。我们去买，得当夜离开景洪，买好鱼后，立即

傣式烤鱼

坐飞机回昆明。不过，无论多晚，女儿听到有烤鱼来，就是睡眼惺忪也要翻身而起，吃完一条鱼后再入梦乡。

傣式烤鱼不仅仅是我们喜欢，我身边的朋友和同事也都非常喜欢。一次和同事出差，一路她就念叨："一定要买烤鱼。"说出发前，她老公就布置了买烤鱼的任务。她形容得更是夸张，说有次从景洪回到家已夜深，家人均已入睡，她把烤鱼拿出来，准备放入冰箱。她老公却从梦中惊醒，立即起床说："烤鱼呢？"只要得知买回来了，立即拿筷子来吃。

我有时候也怀疑，是不是因为这条傣式烤鱼距离太遥远，要吃到十分不易，所以才如此喜欢。但很快就知道不是这缘故。

有位同事不知从哪学会了做烤鱼。她把我带到菜市场，买好鱼和作料后教我做。原来真是简单，把鱼剖后洗干净，抹上盐和胡椒粉，把蒜苗、大叶芫荽、小米辣洗净剁碎，撒上盐拌匀，填到鱼肚子里。如此腌两小时，烤出来即可。一吃，味道还真不差，按女儿的说法，和从景洪带来的也差不多，比菜市场买回的则更美味几分。

做烤鱼时，先把蒜苗和大叶芫荽剁碎，那股浓郁之味弥漫在屋里。再也想不到的，仅是蒜苗和大叶芫荽的香就如此让人垂涎。当鱼在火上烤时，鱼肉的香味混入了蒜苗和大叶芫荽的味道之中，那股味道简直有种魅力，让人闻到就垂涎。鱼肉入口，作料浓烈霸道的香与鲜嫩美味的鱼肉，更让人欲罢不能。

而且更有意思的是，以往虽然特别想吃鱼肚子里的作料，但因餐馆里的作料被剁得太碎而不辨形状，吃时心里总还打着鼓，不知道是些什么。现在作料是自己配的，自然放心，用来拌饭，美味无比。

母亲吃了我烤的鱼，感觉神奇，以为我真是越来越能干了。任她误会，也不说破。有些以为很复杂的事，其实只是没有转过那个街角而已。

用鱼身上的作料拌饭吃，也无比美味

风情万千凉米线

店　　名：曼景傣味餐厅
地　　址：景洪市勐宽镇曼景村县道旁
电　　话：0691-2500141
推荐指数：★ ★ ★ ★ ★

　　周末，云南人喜欢自备米线到野外去吃，只需配齐佐料。肉帽、余熟的韭菜和豆芽、炒后舂成碎粒的花生米，以及甜酱油、油辣椒等，到哪都可随地一坐，拿出碗筷，抓碗米线，拌上佐料吃。

　　凉米线最讲究的是佐料。小时候，每到星期天下午，隔壁郭阿姨家就要吃晌午，有时是凉面，有时是米凉虾，有时是抓抓粉，有时便是凉米线。每到吃晌午的时候，他们家的小玲便来叫我过去，一人端一碗吃。那凉米线特别好吃，每次吃完一碗我都还要再加半碗。现在想来，那时也真是不知害羞。

　　离开会泽后我再也没有吃过那么好吃的凉米线。后来便想，是因郭阿姨放了会泽特有的玫瑰酱油，还是甜酱油？而我怎么也做不出那种味道来。

　　凉米线中，最负盛名的是玉溪的鳝鱼米线。在油锅中放入蒜瓣和昭通酱，再放进宰杀剔净后切段的鳝鱼，加入辣椒油、花椒粒、草果、八角、酱油、胡椒粉等，炒熟后备用。吃时盛一勺放进米线中，再放上薄荷和余熟的韭菜。鳝鱼米线凉吃、热吃都行，关键在鳝鱼的做法。玉溪作为发源地，的确比其他地方做出来的略胜一筹，许多昆明人时常开车 80 多公里去吃这碗米线。

　　云南的少数民族做起凉米线来别具一格。德宏的阿昌族喜欢把米线和稀豆粉混一起吃，他们在米线上放厚厚一层煮熟的稀豆粉，再加入油辣椒、蒜末、姜泥等佐料，香滑可口。他们还有一种吃法，叫过手米线。把猪肉烤熟后剁细，拌入花生粉、辣椒、芫荽等佐料，用手抓着吃。

　　傣族吃米线有所不同，他们有一道名为撒撇的菜，以牛肠中的黏液（墨绿色）为主，把大叶芫荽切得细细的，红红的小米辣剁碎，加入肉泥，再放入精盐、味精。只是，这碗色彩浓烈的菜仅是蘸水罢了，主料是米线，连整齐排列在米线上烤熟的毛肝片和牛肝片也只是点缀。这道菜苦而辣，却也清香，回味悠长。这叫生撒，还有酸酸的柠檬

阿昌族的过手米线

傣家的撒撇主
料还是米线

撒。这道菜，外地的朋友如果能吃辣，那一定要小心了，因为会上瘾，几日不吃一想起那味道来就忍不住流口水。我喜欢在一家傣味餐馆招待外省的朋友，后来他们总会说，不能提起昆明，一提就会想起那家馆子，却又无奈——只为一碗米线跑来昆明，毕竟有点可笑。又因那碗米线不能邮寄，弄得我万分不好意思。

凉米线，在昆明的饮食中是非常有地位的。在昆明人的婚宴上，有道菜是凉米线，它用云腿、蛋卷、午餐肉、牛肉冷片、香肠、青笋、胡萝卜等在一大盘米线上拼成各式图案，这仅是为了好看。好吃的关键是佐料，用酱油、醋、辣子油、味精等调成。这道菜麻辣酸味俱全，十分爽口。因其营养丰富，还具开胃之功，所以成为婚宴的头道菜。我女儿就最喜欢这道菜，每当我要去参加婚宴，她就会问："有凉米线没有？"我通常答："有。"于是她会喜滋滋地跟我去做客。

其实很多店内的凉米线都很好吃，比如曼景傣味餐厅，比如建新园，又比如王及小吃，每次去总人满为患。通常只要米线端上来，再多的人、再繁杂的声音都可不可见不闻，心里只有眼前的那一碗米线了。但吃完米线放下筷子的时候，我还是会想起年少时郭阿姨家的那碗凉米线。

盛放米饭的菠萝

店　　名：玉香园傣味餐厅
地　　址：景洪市民航路
电　　话：0691-2138689
推荐指数：★ ★ ★ ★ ★

第一次去版纳便吃到菠萝饭，微酸带甜，很是可口。暗想傣族人真是活得精致，一点米饭，或者放入菠萝中，或者放进竹筒里，都是美味。

我一直认为菠萝是比较奇怪的水果，单独吃它，几片即可，纵是一家人，也无法吃完一只菠萝。因而在我的思维里，菠萝最大的用处是做菜。第一次吃菠萝做的菜是在海南，用肉片、菠萝丁、配番茄酱爆炒，酸酸甜甜，十分爽口，名为咕噜肉，在那样炎热的地方，这道菜让人惊喜。但这道菜不容易做，我尝试了很多次都失败了，总是不能把肉炸得外酥里嫩。菠萝还可以煮火锅，这最为简单，菠萝生熟都不用在意，直接切了放锅里。汤十分美味，末了把面条放进去，更是吃得舌头都卷起来。此外自然就是做比萨了。我只喜欢做水果味的，在水果中又偏爱菠萝，贪其四溢的香味，一放入菠萝，苹果、梨、香蕉等都靠边站，再没有比它滋味更浓郁的了。

不过，无论是咕噜肉还是菠萝比萨，都不如菠萝饭给我留下的印象深刻。过去每吃傣家菜，总要点一个菠萝饭，久而久之，我也就学会做了。先将糯米煮至八成熟，再把

黄米菠萝饭

紫米菠萝饭

甜甜糯糯的菠萝饭

菠萝掏空，取一小部分果肉切碎，和汁一起拌入饭中，填进菠萝壳里，放微波炉中转十分钟即可。大枣、冬瓜蜜饯什么的也可以往里放，因此母亲总说我做的不是菠萝饭，而是八宝饭。但有什么关系，八宝饭装菠萝里，就是菠萝八宝饭。

后来在玉香园傣味餐厅吃到菠萝饭，又软又香，色泽也好看，想来，这才是正宗的菠萝饭吧。

好罗嗦——傣家年糕

店　　名：傣味美食园
地　　址：景洪市民航路嘎洒老红花梨木工艺品东北侧
电　　话：0691-2138689
推荐指数：★ ★ ★ ★ ★

傣族的米饭有许多不同的吃法，菠萝饭、竹筒饭，或蘸青苔、包肉。最近风行的是手抓饭，一只圆形簸箕，铺上芭蕉叶，中间放一碗杂菜汤，汤外是米饭。米饭外围一圈菜，烤鸡、烤鱼、烤五花肉、烤猪脸、包烧豆腐、凉黄瓜、鬼鸡、春干巴、火烧茄子等许多傣家菜，看着红红绿绿，十分赏心悦目。但吃时就有些为难，虽说戴有手套，还是认为不方便，往往还是用筷子吃起来更爽快些。有的店里还会配上傣家年糕。

过去，一说吃傣味，女儿就会嚷："我要好罗嗦！"倘若外人不知，会想这孩子怎么回事，小小年纪，就想唠叨个不停。偏偏女儿小时话特别多，在我们家里有"话多罗芙卡娅"之美名，于是会取笑她："你已经是个话篓，不能再罗嗦，不然箩筐都装不下你的话了。"女儿依然不管，只顾说："我要好罗嗦！"

其实，好罗嗦是一道吃食，是傣语，意为年糕。傣族年糕与汉族年糕略有不同，虽说都是用糯米磨浆滤水后成为吊浆面，再将花生、芝麻炒后研细加入红糖，但到了这一步后，傣族年糕就把吊浆面分成若干份，用芭蕉叶包成方块，放入蒸笼蒸熟。吃时香、糯、软、绵，口感十分好。汉族的年糕吃时往往切片用油煎熟，有几分油腻，而蒸又容易粘连到一起。傣族年糕一举解决了这两个问题，因而为莹漾之最爱。就是现今人人赞不绝口的手抓饭莹漾也不大理会，她一心一意，只喜欢好罗嗦。

色泽好看的傣家手抓饭

香糯软绵的好罗嗦

为此，特别宠莹漾的二嫂从版纳到昆明，有时就会不嫌麻烦地去傣味美食园买一大包好罗嗦，母亲特别心疼，说她花起钱来就不知道节省："买东西就是没个数。"二嫂也不说话，只是笑。我犹自担心怎么吃得完时，莹漾已在一旁，吃个不亦乐乎。有次纳闷，同二嫂说："莹漾小时话多得像个话匣子，越长大话越少，是怎么回事？"那时莹漾天天叽叽呱呱，热闹不已，现在则不大说话，多半笑一笑。恰巧莹漾吃完一个，扬起头来："我还要好罗嗦！"忍不住说："你还是罗嗦点好！"一面说一面递给她。

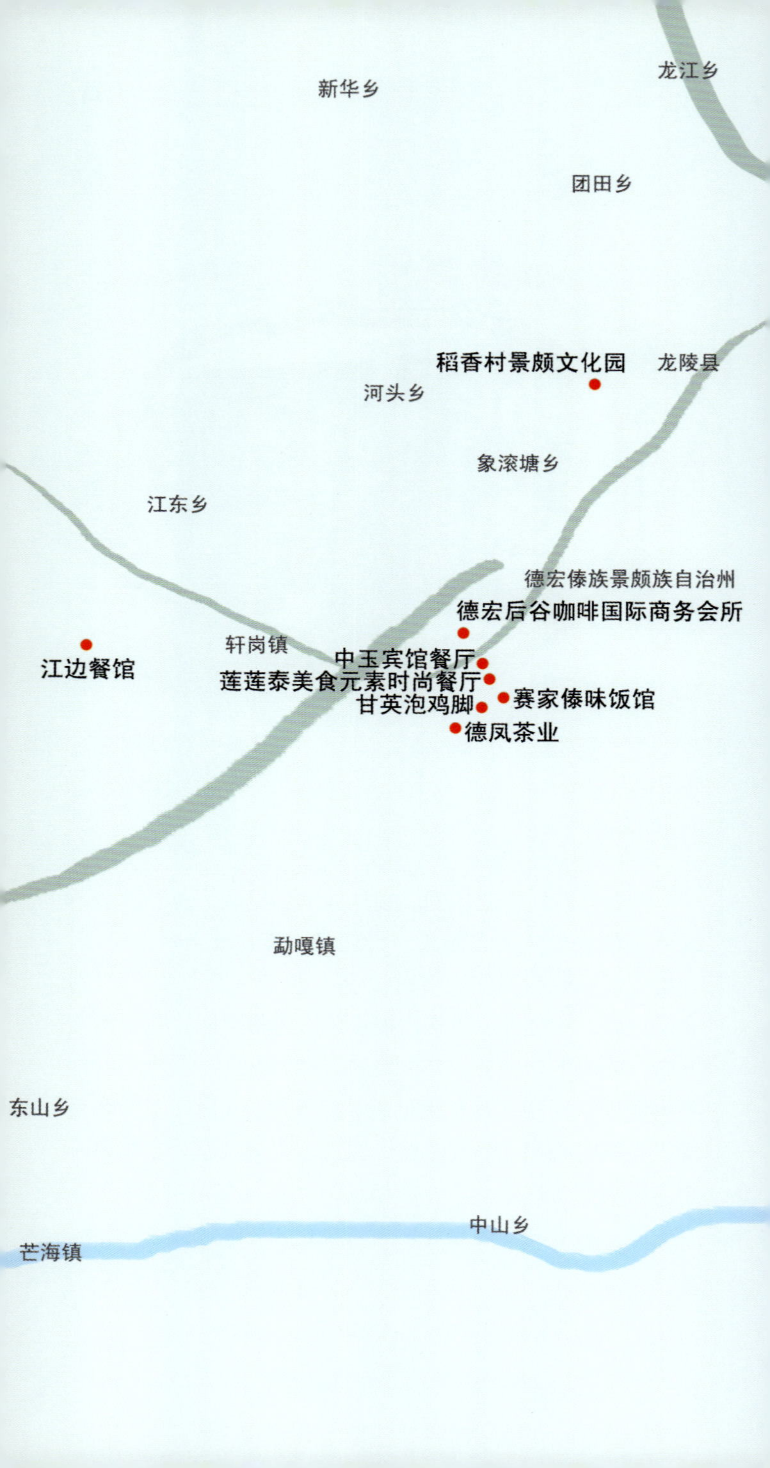

新华乡

龙江乡

团田乡

稻香村景颇文化园 龙陵县

河头乡

象滚塘乡

江东乡

德宏傣族景颇族自治州

德宏后谷咖啡国际商务会所

轩岗镇

中玉宾馆餐厅

江边餐馆

莲莲泰美食元素时尚餐厅

甘英泡鸡脚

赛家傣味饭馆

德凤茶业

勐嘎镇

东山乡

中山乡

芒海镇

Part 6
一杯普洱茶品味德宏

有一种记忆无关情爱，有一种怀想无关肠胃，而有一种美丽，是温柔、是细致，是于饮食的耐心和对日子的珍视。

口眼福俱到的酸辣菜式

店　　名：中玉宾馆餐厅
地　　址：芒市大街 75 号（广场对面）
电　　话：0692-2133686
推荐指数：★ ★ ★ ★ ★

潞西虽热，但这份炎热带来的好处却是显而易见的，树木高大，枝叶繁多，水果多不胜数。更为有趣的是，飞蛾竟会伸出长长的吸管，吸食西瓜甜蜜的汁液。这让人纳闷，它更喜欢扑火呢，还是更喜欢美食？

在一个赏心悦目的地方进餐是件美妙的事情。在潞西，我还真没有见过哪家餐馆只有简单的几张餐桌、几把椅子，或许是得了气候的便利，几乎每个吃饭的场所，都被各种树木围绕，放眼看去，总是满眼青绿。

中玉宾馆的餐厅外，红色的芒果突兀地垂挂下来，芭蕉硕大的紫色苞叶下，嫩生生的芭蕉顶着一朵朵淡黄的花。在这份景致的熏陶下，厨师也不甘示弱，一盘金钩白菜精致得如同一只绿孔雀；菌子鹌鹑蛋也像孔雀——刚刚开屏的；炒苦瓜则配以红椒、黄椒，鲜艳异常；最漂亮的是菠萝炒牛肉，黄菠萝、红辣椒、绿辣椒、白洋葱，五彩斑斓；就是一碗鸡汤，也配上青葱、红番茄，色彩异常诱人；让人不忍动筷的是凉粉鱼，它们亲亲爱爱，嘴对嘴不知在说什么。

若说在餐厅用餐，除满足口舌之欲，还能大饱了眼福，那么到傣家餐馆用餐就更多了一层享受。

傣族人对环境十分挑剔，就是吃饭的地方，也须清雅宜人。过节时选的进餐地点更不同，大大的庭院，高高的竹子，秀美的竹楼，睡莲在池塘里挺立着一个个花苞，等待开放的时刻，三三两两的孔雀则在竹楼前慢条斯理地走动。

又酸又鲜的木瓜煮鸡

让人不忍动筷的凉粉鱼

因气候的缘故，傣家菜以酸辣为主，少油荤。喃咪、炖牛筋、剁牛肉、撒撇、酸粑菜等都配以小米辣，若主菜里没有小米辣的身影，那它一定在与主菜相配的蘸水里。酸有番茄、酸笋、木瓜，如木瓜炖鸡、酸笋煮鱼，酸粑菜则把青菜、番茄、木瓜一起放肉汤里煮，青菜煮得又酸又软后，撒上小米辣和大叶芫荽，可口又开胃。傣菜一向是我的最爱，但奇怪的是，在这里吃饭，最主要的竟不是菜肴是否可口，而是气氛是否热烈。

席间有傣家小卜哨来敬酒，并赠送香包。一位小女孩出来演奏一曲清丽的葫芦丝，许多人随着曲声哼唱了起来："有一个美丽的地方啊罗，傣族人民在这里生长啊罗，密密的寨子紧紧相连，那弯弯的江水呀绿波荡漾……"小女孩退下，乐声响起，整个餐厅沸腾了起来，大家争先恐后地跑上台，随傣家小卜哨跳起孔雀舞。

佳肴美食，欢歌快舞，确实是一个让人难忘的佳节之夜。

可口又开胃的酸粑菜

景颇菜——
绿叶宴上春菜多

店　　名：稻香村景颇文化园
地　　址：芒市大湾村 320 国道旁
电　　话：0692-2108999
推荐指数：★ ★ ★ ★ ★

傣族和景颇族的饮食在很多地方相似，比如鬼鸡、撒撇等，我问了又问，傣族的撒撇和景颇族的有什么区别，却无人能说得清楚。而我一直认为景颇族最具代表性的佳肴——鬼鸡，几乎所有傣族食馆都有。虽说如此，二者的饮食还是有区别的。

景颇菜虽然也酸酸辣辣、不油腻，但不用碗盘，他们把做好的菜放到芭蕉叶上，或者用芭蕉叶包好，放入火塘焐熟。餐馆担心客人误以为不用碗盘太过简陋，又为了沿袭景颇菜的特色，会在盘子上铺一层剪得如盘子般大小的芭蕉叶，再放上已可食用的菜肴。别小看这芭蕉叶，一盘没有加任何配料的炒玉米端上来，艳黄的玉米配上青绿色的芭蕉叶，看着就食欲大增。

首先要吃的自然是鬼鸡。景颇族有杀鸡祭鬼的习俗，鬼鸡就是供祭献鬼后，将煮熟的鸡晾凉后撕碎，在佐以剁碎的姜蒜、小米辣、大叶芫荽等。后来这道菜端上了饭桌，作为款待客人的佳肴。

景颇烤肉向来是最受欢迎的，别的菜偏辣或偏酸，不嗜酸辣的外省人就唯独钟情烤肉了。景颇烤肉是取五花肉，放入各种调味剂腌制，待入味后，再放到炭火上烤，配以特制的蘸水，吃时非但不油腻，还外酥里嫩，格外鲜香。除了焐和烤，景颇族还喜欢舂，他们几乎家家有舂具：一节竹筒，一根竹筒内径略比筒小的圆木棒。有一盘舂豆，是先烤熟，再拌入小米辣、大叶芫荽，一起放入舂筒中舂碎后食用。景颇有句谚语："舂筒不响，吃饭不饱，喝酒不香。"可见他们对舂菜的喜爱。

饭间，景颇族小伙子和少女在台上唱歌助兴，还有女子在席间一面唱歌一面敬酒。酒足饭饱后，大家就起来跳舞，男子拿长刀，女子拿扇子，一面舞动一面绕着餐桌走，欢快热闹。

色泽清丽的景颇菜

景颇烤肉

鬼鸡是最具盛名的景颇菜

我没有和他们一起舞动，而是退出餐厅。只见圆圆的月亮挂在云朵的边缘，凤尾竹在宝蓝色的天空中勾描出一弯又一弯的弧线，香蕉则垂着它如特大号宫灯般的果实静静地立在夜色中。生活在这样的地方，难怪人们如此开朗，如此爱唱、爱跳、爱热闹。

如果你也喜欢景颇菜，可以来稻香村景颇文化园来尝一尝，相信这里的菜会让你大饱口福。

江边吃老虎鱼

店　　名：江边餐馆
地　　址：芒市五岔乡路边
推荐指数：★ ★ ★ ★ ★

不仅是傣族和景颇族讲究吃饭的环境，就是生活在潞西的汉族，对吃饭的环境也是非常挑剔的。

有一次朋友带我去吃江鱼，那里距潞西约有 60 公里。我认为吃顿饭跑这么远，多少有些夸张。他却不以为然，认为吃鱼一定要到江边才有味道。出了潞西城，沿途的风景依然可观。路两旁种有扶桑，花红得十分纯正，却因花形秀美而不俗艳，只觉在浓绿的枝叶间垂了一团一团的喜气，风一吹，就轻轻晃动，像挂满了小小的灯笼。

驶过了扶桑夹道的路段，就进入了凤尾竹相拥的地方，它们生长在路的两旁，枝干弯弯地垂下来，使得道路像伸进了一个隧道中。它们就这样不时地营造出短短的绿色隧道，使行程增添了许多趣味。

朋友说在有一处吃江鱼，环境不错，味道特别好，只可惜看不到江。我说无所谓。沿途遇上好多餐馆，都打着

分明是小小的鱼，却被称为老虎

秀丽的江边小食馆

江鱼的招牌，但他一心要找到心目中最好的那一家，而我却认为路边的餐馆都差不多。临江而建，江水在窗外滔滔，屋前长着青绿的几棵树。

一路前行，终于找到那家最好的餐馆——江边餐馆，小巧的它坐落在葱翠的竹林里，小小的竹楼依山而起，如图画一般。

这里的江鱼确实不是寻常见到的鱼种，细长、厚实的身子，扁扁的嘴。它的名字却更古怪，叫老虎鱼。然而怎么看都寻不出一丝丝老虎的样子。

最让我惊讶的是店家的耐心，我们点了两斤鱼，要求用3种不同的方法烹饪，店家笑嘻嘻地应了，立即就去称了鱼，手脚麻利地做起来。不一会儿，菜就上来了：清汤鱼、砂锅鱼、油炸鱼。油炸鱼连鱼刺都炸酥了，又香又脆；

砂锅鱼味浓，鱼肉香甜，辣味适中；清汤鱼主要是喝汤，十分鲜美，还配有一碗蘸水，放有盐、葱、姜、蒜、胡椒面和大叶芫荽等。此外里面还有野茄子和马屁苞。马屁苞是菌类，据说当年它寻常得在路边就能见到，于是有俗语说"好捡的马屁苞"。然而我从来没有吃过，在这里见到，立即就点了。它貌不惊人，灰得土里土气，味道也一般。不过总算吃到了。

在这里吃饭，别有野趣。山风习习吹来，竹叶声声响，蝉声不绝于耳，犹如一曲不停歇的合唱，间或有青蛙低哑地应和几声，更添生趣。月亮渐渐升起来，洒一地银光，蝉不知何时退场了，青蛙却特别地活跃了起来。

回程中，不时有青蛙在路边跳跃，好像与尘世已远远相隔开。竹子依然弯弯地垂下来，扶桑花在车灯的照耀下，依然垂着它红红的花。跑这么远来吃江鱼，要的就是这份趣味，倒不在乎究竟吃到了什么，而是要体验在来去过程中大自然赐予的视听享受，更何况还有没有一丝污染的江鱼和野菜呢。这样的吃饭过程，纵然不刻骨，却也铭心。

三吃老虎鱼：砂锅鱼、清汤鱼、油炸鱼

最香不过炒蜂蛹

店　　名：赛家傣味饭馆
地　　址：芒市科技路松树寨村
电　　话：0692-2137817
推荐指数：★★★★★

蜂蛹

　　每次买蜂房回来，我们就在桌前坐下，一人撕一半蜂房拿手上，另一只手用镊子撕开蜂房，夹出蜂蛹。蜂蛹有的胖乎乎的，如蚕；有的也像蚕，但有条黑线从头贯穿至尾，这叫屎嘟嘟。蜂蛹价格高，就算屎嘟嘟也不舍得丢弃；有的长了玉色的翅，整个身子晶莹得几近透明，这叫花腰蜂——夹花腰蜂时要小心，略一用力，便会把它弄破。花腰蜂是蜂蛹中的精品，最香的就是它。有的商贩会把蜂蛹装在小饭盒里出售，以花腰蜂的价格最高。问为什么，他笑嘻嘻地反问：那你为什么专挑它买？

　　炒蜂蛹前，先烧沸一锅水，倒进花腰蜂，变色后捞出。花腰蜂特别嫩，如果火候掌握不好，一入油锅就被炸烂。先进沸水，蛋白质遇热凝固，再入油锅就没问题了。捞出花腰蜂后，再把屎嘟嘟倒入沸水，捞出后，在它的尾部弄个小口，轻轻一挤，肠子什么的就出来了。最省事的是胖乎乎的蜂蛹，想汆也行，不汆也没问题。油烧热后，3碗蜂一同倒进锅，撒盐，不等捞起香味便散发出来。放上桌，便是一盘美味佳肴，家里无人不喜欢。有段日子，我女儿怎么哄也不吃饭，但若有蜂蛹，她便早早坐到饭桌边等着，而且会趁人不注意悄悄抓起一两只送进嘴里。炒蜂蛹非常香，再想不出世间还有哪一种食物能比它更香，所以她抵挡不住诱惑也可以理解，只是交代下次不许再这样。

遇到好蜂蛹，会多买一些回来，多放油炒熟放瓶子里，桌上菜少或待客时拿出来，炒一炒便可吃了。

餐馆通常也这么做。一次在芒市，刚进赛家傣味饭馆，就见一大盆炒好的蜂蛹放在厨柜上，引人垂涎。食客若点一盘，直接就可端上桌。

云南吃的蜂蛹多是黄蜂幼虫，其营养丰富，富含蛋白质、氨基酸等，被称为"天上人参"，是比较"高大上"的一道菜。有人会把蜂蛹与松仁同炒，也会加葱蒜爆炒，还会用蜂蛹煮汤，又或凉拌，不过我认为口感都不如油炸的好。

经油炸过的蜂蛹更香了

生长在竹子里的美味

店　　名：莲莲泰美食元素时尚餐厅
地　　址：芒市斑色路 2 号奥升商城二楼（街心花园）
电　　话：0692-2127710
推荐指数：★ ★ ★ ★ ★

富含高蛋白、氨基酸的竹虫又名竹蜂，寄生在竹筒内，从竹尖逐节往下啃吃，最后藏于根部。

第一次见竹虫是在芒市莲莲泰美食元素时尚餐厅。当时根本没有想到菜里会有竹虫，父亲突然看见，他不相信自己眼睛："这是什么？"服务员答："竹虫。"

父亲激动得看了又看："竹虫！我离开家乡后就再也没有见过了！"我忙对父亲使眼色，然而父亲根本不看我，他沉浸在再见竹虫的兴奋中："我有 40 年没有吃到这东西啦！"

老板娘一面理解地笑，一面问父亲的老家在何处，又说："我们家的竹虫都是新鲜的，还在竹子里养着，有客人点才剥开。你放心，肯定还是当年的味道。"

这也是多年前的旧事了。现在竹虫已不稀罕，在昆明就能吃到，卖烧烤的摊点上都多不胜数。如丰宁小区的烧烤一条街，几乎家家都有竹虫在卖。

其实竹虫不算十分美味，起码比不上蜂蛹，这也许是蜂蛹较为肥胖，而竹虫太过纤细的缘故吧。我想父亲当时那么开心不外两个原因：小时没吃过多少好东西，自然把竹虫认作第一美味；离开家乡多年，突然见到本以为家乡才会有的食物，那种感觉，好似解了一段乡愁。

不久前认识了一位十分喜爱竹子的外省人，一日与我畅谈他在竹林里怎么玩耍，那竹林又是怎么美怎么大。我越听便越生炉意：怎么他就找到了那么好的竹林？于是笑嘻嘻地说："竹子里会长一种虫子，你知道不知道？"

他瞪大了眼睛摇摇头。

"那叫竹虫，白白的，细长细长，用油炸出来，有股奶香味，特别好吃。"

他被吓了一跳说："你说真的还是假的？"

"自然是真的！要不要哪天我请你？"

油炸竹虫

在一桌傣家菜中，三炸拼盘是最美味的下酒菜

　　他忙摇头说："不了，不了。"从此再也不提那让我垂涎的竹林。

　　一想到竹虫还有此妙用，我便会咪咪地笑起来。

　　那样一个男子会怕这虫子，我女儿却不怕。有时二嫂回昆明时路过有竹虫出售的地方，会特意下车来寻找。竹虫通常装在竹桶里，买回来，放上一天两天也没问题。我最怕肉乎乎的小虫子，但不怕竹虫，打开筒盖，把竹虫一一用筷拨入碗中，油烧热后倒进锅，待竹虫微黄时起锅。莹漾回家见了，总是十分欢喜。告诉她："你二舅妈买回来的。"她一面吃一面连声说："谢谢二舅妈。""现在你二舅妈又不在，谢人要当面谢。"她口齿含糊地答："好。"又连连说："谢谢二舅妈。"

酸辣爽脆泡鸡脚

店　　名：甘英泡鸡脚
地　　址：芒市斑色路 4 号附近（百思特旁）
推荐指数：★ ★ ★ ★ ★

芒市有一家名为甘英泡鸡脚的小吃店，因其小吃种类多、口味好，而被称为到芒市必去的小吃店。我特别喜欢他家的泡鲁达与泡鸡脚。泡鲁达是从缅甸、泰国传过来的甜品，用牛奶、法棍、西米、椰汁、炼乳和白糖调制而成。又甜又香，口感非常好。

最初吃到泡鸡脚，就是在芒市，后来它风靡在昆明的菜市小巷，其酸辣生脆的口感让许多人喜爱。有年同事请客，竟然买了一大桶泡鸡脚回来，让那一群爱酒的男人吃得开心不已，事隔许久都还念念不忘，说那次吃得真爽。家人也喜欢这一吃食，因而去菜市又或超市，会买一小袋回来。无论菜市或超市，都是拣好鸡脚过秤，然后再拣芹菜和胡萝卜，舀酸汤。在菜市场过秤后，袋子就在店家手里，由他来拣配菜，想给多少就给多少。超市则不然，称好鸡脚后，袋子又回到顾客手中，自己想拣多少就拣多少。于是在超市里往往能够看到，一人拎着一只袋子，袋

傣味甜品泡鲁达

底躺几只鸡脚，袋子主人却在那里雄心壮志地准备拣完盆里所有的配菜。

后来不再买泡鸡脚，是因为我不知道它是怎么做出来的。有几次甚至怀疑它是生的，如泡萝卜泡莲花白一样，这就让我心里打鼓，认为吃再多大蒜也无济于事。这种不信任，自然也是有原因的，有人告诉我，为什么泡鸡脚那样白，报上也登载过，鸡脚里的骨头是怎样取出来的。这让我再也无法面对街面上那一盆一盆的泡鸡脚而坦然地挑选，购买。因而，泡鸡脚在我们家绝迹。

不久前认识一位朋友，她的拿手好戏是泡萝卜，一袋萝卜前晚泡好，隔天拎到山上，酸酸辣辣脆脆的很好吃，连汤都被大家抢着喝干净。朋友说这个最简单，萝卜削皮切片，撒盐，放白糖，拌小米辣，倒白醋，泡一夜即可。试着做一碗，果然好味道，远比用盐水泡出的萝卜口感要好。于是时常买萝卜回来泡，而且也不再担心腌制食品于身体不利——这是用白醋泡的。醋可是好东西，有改善人体新陈代谢等许多好处。不过，白醋泡萝卜是不能替换的。我试过用梨醋代替，口感远远没有那么好。

　　不久后又认识了一名为小龙的人，他时时显摆，自称是会计中做菜最好的，厨师中最会算账的。他几乎每周都要教我做一道菜，并时时督促说："做了没有？成功了没有？味道如何？"又时时鼓动我做西点。就是在他的鼓动下，我买个烤箱，但至今只烤了几个鸡翅。

　　有天与小龙说到泡鸡脚，他说这个再简单不过了，就用泡萝卜的水，再撒几颗花椒就行。于是依他所说一试，鸡脚煮到手指能掐得动皮时起锅，撒盐、放白醋和小米辣，泡一夜。一尝，果然好吃，老公吃得不住口，误以为我又愿意在超市买泡鸡脚了。女儿则说："与买回来的一模一样，甚至还要好吃几分。"

　　逐明白，有的事，不知道路径时，以为复杂，以为艰难，经个中里手略一点拨，即发现原来如此简单。想起这些年我热爱并为之努力的事，总也无法突破瓶颈，或许与这泡鸡脚一样，只因没有找寻到正确的路途，又或者，只因没能够遇上个中里手。只是，世间万事虽然均有个中里手，却不容易得其指点一二，所以只能在门外兜兜转转，不得其门而入，任是长吁短叹也无法。

酸酸辣辣泡鸡脚

在芒市品咖啡

店　　名：德宏后谷咖啡国际商务会所
地　　址：芒市大街 81 号
电　　话：0692-2126266
推荐指数：★ ★ ★ ★ ★

芒市的咖啡非常好喝，我买了后谷咖啡放在办公室里，又特意去买了奶粉和蜂蜜。先放入咖啡和奶粉，再注入水，香气袅袅散开，引人心动时，再放一勺蜂蜜。早晨泡咖啡时，走廊上都弥漫着它的香。早来的同事闻了香，会进门来讨要一杯。简单便捷，又可依自己的口味调整，所以我特别喜欢。

在芒市见过咖啡果，小小的红颗粒，3 个一组、5 个一排地长在细细的枝干上，叶片却是大大的。这样可爱的果实本应好好相待，拿出时间和精力，在午后缓缓磨碎，再弃了它，只留它溶在水中的味。

咖啡还是小粒的时候，也曾磨了喝，但因工序烦琐，期待太多，反而不喜。有朋友说，他煮的咖啡是一流的，但咖啡一定要自己磨。他说若有颗粒的，就带去，他煮一壶，保准我一喝就会爱上。那时云南的小粒咖啡已被某跨国企业收购，全都变成速溶的了。咖啡虽然被速溶了，但它的好味仍然保留，香和苦都有些意思，又因滋味统一，异常方便，自然让人喜欢。有时，一袋咖啡会搭把不锈钢的勺，或一只小小的咖啡杯，喝上一年半载，所有用具就一应俱全了，因不是自己喜欢了才购来，由此也就有层随意，一如速溶咖啡。

转眼，市上又有了简易包装的小粒咖啡，我也懒得告诉那位朋友。他在关山之后，就算咖啡是浓得化不开的香，不等我抵达，也早就散尽了滋味。

我还是喜欢不用磨也不速溶的咖啡——既方便又口味独特。我的咖啡如茶，适合独品，若有投趣的人，相看也是好的，若无，就端起咖啡来，每一口都是香的。

枝上的咖啡豆

坐在这里喝咖啡，别有一番滋味

德宏后谷咖啡国际
商务会所

此外值得一提的是在芒市喝咖啡的经历。咖啡哪不能买到呢？这并不是什么稀罕物，但在芒市就硬是与众不同。在德宏后谷咖啡国际商务会所的咖啡屋园子里，有小小的隔间，有顶，没有墙，一排排绿树围绕，便成了墙体。绿树并不美观，却结着小小的果，还没有成熟，青青绿绿的。这正是咖啡树，结着咖啡豆。一杯咖啡端上来，浓香四溢。身前、身后、身侧，全是咖啡，成熟的、青涩的，杯中的、地里的、树上的，使人十足地沉浸于一种气氛中，特殊的、独有的。一时间，好像许多前尘往事纷至沓来，却又罢了罢了。低下头来，浅浅喝一口杯中有着诱人色泽的咖啡。香味袅袅在口中散开，芒市的美，也就定格在这份浓烈气息中。

爱上普洱的回甘

店　　名：德凤茶业
地　　址：德宏州芒市团结大街 229 号
电　　话：0692-2294779
推荐指数：★★★★★

　　我知道普洱的时候，它只是一个地名，多年后我才知道，它是一种茶的名字。它好像是突然冒出来的，人人桌上都有一只泡普洱茶的专用杯。我也买了一只，学他们泡普洱茶喝。但终究不爱，因其汤色不翠，浑浊的颜色像隔了夜。

　　最初，我以为普洱茶只在普洱有，渐渐发现，版纳有、大理有、临沧有、文山有、红河有，连德宏也有古树茶区。

　　那晚，与朋友去德凤茶业喝茶，在店里，泡一壶普洱边喝边聊。朋友说普洱茶色如玛瑙，入口润滑微苦，而且还包治百病。而她不知，正是因为看到普洱茶包治百病之类的宣传词，我才对它特别挑剔。朋友早些年喝绿茶，喜欢用玻璃杯，汤水碧绿，映在她纤细的手指上，怎么都是幅好画。但她说："现在改喝普洱，为养胃。"我说我多年如一日，不喝茶，只喝白开水，何况喝茶后睡眠浅。她淡淡地说："试试普洱。"

她一边泡茶，一边说，普洱分生茶与熟茶，像我这样睡眠浅的，喝熟茶比较适合。熟茶要用完全煮沸的水泡。第一泡茶水要倒掉，第二泡要盖上杯盖静置 10~20 秒，第三泡要静置更长时间。无论几泡水，汤色都要保持一致，初泡时色浓，少泡些时间，后来淡了，多泡一会儿，色淡得不似玛瑙时，便可换茶了。

在朋友介绍时，我慢慢喝身前那一小杯普洱：味淡，没有苦涩，入了喉，还有些微甘，若不细细感受，就会错过。但喝着喝着，整个口腔都润了起来，那是茶水的滋润，满口生津，应该就是这个感受了。

朋友说普洱茶并不是突然出现的，早在 3000 年前就有了，只是到了明朝才改为此名。普洱茶是云南大叶茶种，其祖先在银生城，也就是我的老家景东。

回家后，看电视或看书时，都泡一杯普洱，再配只小小的茶杯，只盛得一口茶，让它一直满着，想起时一饮而尽，再注满，冷热均好。因我如此不讲究，朋友时常取笑。有时女儿走过来，悄悄端起我的茶杯喝一杯，然后说一句："回甜。"普洱熟茶，是她唯一能够接受的茶。

闲下来，品一杯普洱，那温润与回甘，惬意又舒畅

瓦厂

束河风味美食街

丽江开放学院

古城区体育馆

雪山路

忠义小吃坊

纳西阿妈味道

黑龙潭公园

山里人土鸡店

钰洁腊排骨火锅

大冬

丽江老君山
国家公园

街边小吃店

木府

丽江市

中长水

玉龙纳西族自治县

蛇山公园

文笔鱼场

丽江站

文坪

老落

Part 7

在城丽江清的地方，与河流和美食同居共处

走遍千山，总有一水濯足；
淌过万水，总有一地栖身；尝
过万千美食，总有一种能够和月
光、和流水、和花香一道，妥帖
安适地溶于胃，化于心。

寻访束河美食

店　　名：束河风味美食街
地　　址：丽江古城区束河古镇（近丽水街）
推荐指数：★ ★ ★ ★ ★

走进束河时，小小的溪流清湛湛地流淌着，柳枝刚吐的新绿格外青翠，整座小镇还在沉睡。

有位老妪提着篮子，在距桥不远的地方安顿下来，卖包子和水焖粑粑。我买了个水焖粑粑继续往里走。越往里走，步履就越轻快。只见房屋的式样各个不一，千差万别，又都临河而起，院外总有依依垂柳，深具水乡清幽的韵味。好似一位晨起的少女，轻快恬淡，语声如铃，让人忘却多少时光已顺水而去。在行走中，古镇渐渐苏醒了。早起的纳西妇女出门担水，也有女子就站在河边，提起一桶又一桶水，冲洗着街面。

古镇的时间最易消磨。我的午餐是糯米血肠、鸡豆凉粉。

糯米血肠又叫油煎麻补，是纳西族食品。抹上辣椒面，特别香。鸡豆凉粉有好几种吃法，热天凉吃，直接拌上酱油、酸醋以及葱、蒜等佐料即可；冷天热吃，先在锅内炸黄，配以调料，别有风味；又可做菜，与韭菜同炒，还可做汤。而且也如豌豆一样，可做豆浆喝。就我个人而言，比较喜欢先炸黄后再拌以佐料的吃法，外脆内软，质地细，口感好。

木瓜水是云南常见的饮品。一样的冰粉（用一种名为冰粉的植物果实制成），一样的米凉虾（大米磨成浆后煮熟，用漏勺漏入凉水盆中而成虾仁的样子），但束河风味美食街的配料不同，甜水是用红糖和玫瑰糖调成，酸水是用话梅、木瓜和橘子皮调制，老妇称为五酸水，酸酸甜甜，非

油炸鸡豆凉粉

鸡豆豆浆与糯米血肠

常好喝。虽然我一再询问，但也没有弄明白另外两酸是什么。

就这样坐在河边，时光渐向西，转眼就黄昏。我的晚餐是吹肝、酥油茶和丽江粑粑。

吹肝之出名，是因为它太有特色。杀猪时，将肝取出洗净，用空心竹插入肝管，往里吹气，直至肝被吹胀，再向肝内添入杨梅汁、草果面、花椒面、茴香面、食盐等配料，用麻线把肝管扎紧，挂在背阴处风干约一月，蒸煮后切成薄片便可食用。虽然它像蜂窝一样布满洞孔，却因独特而回味无穷。

酥油茶是藏族的传统饮品，但纳西族也曾是游牧民族，他们的饮食习惯是兼收并蓄的，所以也喜欢酥油茶独特的香味，不少店也经营。

丽江粑粑更为有名。徐霞客在他的《滇游日记》中称其为油酥面饼："甚巨而多，一日不能尽一枚也。"今天，我在束河吃到的丽江粑粑已缩小许多，但还是又油又甜，不能吃完。其实，丽江粑粑是专为马帮准备的。它的油和甜，是提供足够能量并储放足够长时间的保证。

在我的眼里，人们不远千里来到束河，并不是因为这里的美食有什么特殊的口感，虽然它的确喷香可口，但在很大程度上，它的美味是对一种隔绝尘世的生活方式的向往，以及这份向往的奢不可及。

晚餐后，我再一次向青龙桥走去。我得离去了，这是来告别。我已忘了白日里来了这龙潭几次，也忘了走过束河风味美食街几次，我只知道自己还会来，一次又一次地来。并且每次来，都会去吃丽江粑粑，只为心底里那一点关于雪山和流水的情结。

品砂锅米线，
赏丽江夜色

店　　名：街边小吃店
地　　址：丽江大研古镇四方街周围
推荐指数：★ ★ ★ ★ ★

昆明许多小吃店都有砂锅米线，但要吃得尽情尽性，哪里也比不过丽江。

夜晚的丽江大研古镇，游人仍然络绎不绝。柳枝轻轻

砂锅米线

晃动，流水潺潺流淌，行走在这样的地方，心情总是轻松欢快的，好像一切美好都融在这样的夜色中，也可以把握在手中。走着走着，我看到有一家名为街边小吃店的店里有卖砂锅米线的，便在河边寻张桌子坐下。桌上铺着扎染布，一侧放只白瓶，插枝柳条。这让人忍俊不禁：玉瓶插柳条的，是观世音。而这夜晚的大研，比任何一个地方都热闹，桌子侧的柱子上，还挂着大红的灯笼。每看到这灯笼，都要想起张艺谋，他的《大红灯笼高高挂》让灯笼有了某些隐喻，既凡俗又不能说出口。

砂锅米线是云南地方特色饮食，是云南人喜欢味道浓郁的食物而发明出来的，它何时风靡云南，又是何人发明的已无法考证，但无论在昆明、大理、丽江，还是瑞丽，都可以看到它，做法也大同小异，不过是在配料上增增减减。

丽江那浓烈的凡尘热闹，与砂锅米线的火热和浓香相得益彰

煮米线的人把一口有柄的小砂锅放到炉上，放高汤、加鲜肉末、汤沸后放米线，再依次放入番茄片、豌豆尖、韭菜段、酸腌菜和各种调料。有时依个人口味又或地域的不同，还会加入木耳、香菇、豆芽、鹌鹑蛋或者臭豆腐。我喜欢的，则是加两块臭豆腐，煮出来又软又香，闻着都食指大动。

吃的时候，店家会把盛有米线的砂锅放在一个盘子中，直接端上桌，并配上一双筷子和一把小勺。砂锅里漫着热气，得慢慢吃，用筷子把米线夹入小勺中，吹一吹再入嘴。把平民化的米线吃到这么斯文的份上，也算是趣事。不由得想起当年明朝状元杨慎流放云南时，以米线佐酒，称"食而甘之，既醉且饱"，想来杨状元吃米线时，也是非常慢的，因而才能一面吃，一面品酒。只是不知，杨状元吃的是不是砂锅米线，那明朝，又有没有砂锅米线。

这个夜晚，我坐在河边，慢慢吃着这不知哪朝哪代发明的米线。这份慢，既品味了米线的美味，又细细欣赏了丽江的夜色。看河水的流动，看那些载满祝福的荷灯随着河水悠悠飘走。游人们说着笑着在河对面进出于一家家的手工店。正对面的那家店，有个烙画的女子坐在门槛上，低着头专心致志地烙她的画，墙上的画或是山川河流或是梳发女子，都出自她的手，出自她那不用模本的心。远远地，宛如天籁之音的纳西古乐飘过来，不与游人的说笑相混杂，它飘呀飘，越过河流，穿过房屋，向古远的岁月依过去……白日里的丽江像淡笔描摹的水墨画，而夜色中的丽江，却有份浓烈的凡尘热闹。这与砂锅米线的火热和浓香相得益彰。一边吃米线，一边欣赏丽江的夜色，这实在是人生里不可多得的品咂。

对腊排骨火锅的追寻

店　　名：钰洁腊排骨火锅
地　　址：古城区象山路象山市场大门往里 200 米右侧
电　　话：18213280238
推荐指数：★★★★★

🍳 🌙 👤 👫 🎟 P 📶

世间事，有时很有趣，比如腊排骨火锅，第一次吃竟然是在昆明。那天下班，同事们说街上新开一家腊排骨火锅店，于是欣然前往。

对丽江，大家心中都有一份美好的想象，时时会在厌倦了当下日复一日的枯燥时说：什么时候我们集体休假，去丽江喝茶。有人说，要住河边，把脚伸进河水中，一边喝茶一边玩水；有人说，要买一块大大的纳西族披肩，把自己裹起来，坐在河边看月亮升起……这样一番向往后，午休时间结束，大家各自回到桌前，继续日复一日地工作，但内心却因此比之前多了一层温软，因这样说一说，想一想，好像也就缓解了那份单调，在世事的烦琐中把一些快乐填充到内心里。

现在单位附近就有一家来自丽江的火锅店，怎不让我们欣喜呢？所以在想起丽江时，大家就坐进这家店，一边吃腊排骨，一边说说对丽江的向往。

腊排骨是用猪排骨加大量食盐腌制而成。把涂抹上大量盐的排骨放入能够滤水的木桶中，当水分被大量析出后，再拿出来在背阴通风处晾干。火锅店外，通常会晾着许多被盐涂得白花花的腊排骨。

煮腊排骨火锅，锅中除了腊排骨，还有番茄、青笋，而且一定要配上韭菜根，店家说，韭菜根可以除咸避油，这样煮出来的腊排骨味道更好。单位旁的那家店，对韭菜根特别讲究，要专程从丽江运到昆明，一时无法用完，洗净后晾在窗台上。问店家：为何要从丽江运来？这样很是麻烦。答："只有丽江的韭菜根才这样肥美，没有丽江韭菜根，腊排骨火锅也就不是丽江味道了。"不知是否如此，但我和同事们的确是吃腊排骨火锅时，才第一次吃到韭菜根。这一锅菜肴煮好后，汤色乳白，肉质香嫩，看着就有食欲。

又隔一年，我与同事们真的利用假日到了丽江。我们

腊排骨火锅，一定会配韭菜根

住到了河边，但没有谁把鞋子脱了去玩水，而是有志一同，找腊排骨火锅。一群人赶到象山市场，拥进钰洁腊排骨火锅店中，人人吃得欢喜不已，好像对丽江多年来的向往都沸腾在这一锅香喷喷的汤中。回到古城，月亮已高，流水依旧潺潺，人人心满意足，转进小店挑选披肩，想用柔软的它，把自己被腊排骨喂得饱饱的身躯紧紧包裹，让那份快乐和温暖多在体内留连一些时间。

其实我已分辨不清，是因为腊排骨火锅出产于丽江才让我们心心念念，还是它的确美味到不容抗拒。只是，有时候，食物往往会被赋予一些情感、一些向往，纵然不能悠闲地生活在这城丽江清，连仰头看到的雪山、低头看到的流水都闪闪发光的地方，在忙碌的日子里能够吃一锅来自这个地方的美食，也算是一种慰藉吧。

夜色中的丽江

莲藕炖排骨

店　　名：纳西阿妈味道
地　　址：古城区裕安路金甲公寓商铺
电　　话：0888-5161810
推荐指数：★ ★ ★ ★ ★

🍽 📷 🏠 ℹ 🚻 🅿

小时没有吃过莲藕，也许是我们居住的会泽没有荷花的缘故。二哥第一次吃莲藕已是十五六岁的小伙子了。那会吃的时候不知道是藕，还以为食堂的师傅做菜特别讲究，把洋芋生生抠出一个一个的小洞来呢。纵是如此，我也十分羡慕。《少年文艺》中有篇文章，说一个孩子上课时用生藕蘸白糖吃，整个教室都能听见脆生生的嚼藕声。虽然父母均说莲藕蘸白糖没那么好吃，但偶尔我还是会想象一番。而且我知道一句话："就算你口吐莲花，也只当你吃多了藕。"吃多了藕真的能够巧舌如簧吗？这让笨嘴拙舌的我特别向往。

到昆明后，莲藕就不是稀罕物了。通常与腌菜同炒，虽然脆劲足有十分，但我不喜欢。我喜欢母亲做的藕，或切成条状煮熟凉拌，或把藕与红糖同煮，简单又好吃。有小商贩则把莲藕用盐和小米辣腌制后出售，一边走一边叫卖。烧烤摊上常见的藕的做法是，把糯米塞藕孔里煮熟，再切成片用油煎出来。

藕最通常的做法是炖排骨，但要炖得软软面面才好吃，而且咬一口，藕丝无数。刚刚见到藕时，此景并不稀罕，母亲总会告诉我："藕断丝连就是这样了。"不过现在咬断藕，却少见丝相连了。想想现在的人，也干脆利落得多，很少如此黏黏糊糊，不知是幸抑或不幸。可是，现在这些少丝的藕，在火上炖了数小时，还是脆的。有人教我如何挑莲藕，颜色较深，胖乎乎的，还带着稀泥的是湖藕，炖吃；颜色偏白而且较为细长的是菜藕，炒吃。但我总是挑不到湖藕，这让我疑惑，是自己不会炖，还是我买到的永远是菜藕？

一道寻常的菜，在丽江的餐馆中吃，味道也不一样了

排骨炖藕

腌菜炒莲藕

后来在丽江一家名为纳西阿妈味道的店中吃到了排骨炖莲藕，这道菜十分寻常，但那个藕好吃得不得了，而且藕丝非常多，正是我初认识它时的样子。回家之际，买得许多莲藕。到家后，削皮，滚刀切块，与排骨炖一锅。吃时依旧欢喜不已，并由此感觉到一些幸运。总还有些藕，能够让那个流传了千年的成语不至成为传说，那句唐诗也依然生长在土壤里："妾心藕中丝，虽断犹牵连。"

丽江的土鸡火锅

店　　名：山里人土鸡店
地　　址：古城区烟草小区二号门旁
电　　话：13578376823
推荐指数：★★★★★

还在机场，朋友就说："这次我带你们去山里人土鸡店吃土鸡火锅，保准你爱吃。"去过丽江很多次，并不知道丽江的土鸡火锅，想来也就是主料为土鸡的火锅罢了，所以我只是礼貌地微笑，并没有太多向往。

怎知全然不是那回事。

桌子中间是一个长方形的火炉，火炉上支放着铁架，铁架中间有个圆形的洞，那应该就是支放火锅的地方了。铁架周边可以烤洋芋、红薯和饵块，这样的设计就是专门为了烤它们。茶水放在陶罐里，也支放在铁架边烤着。火渐渐旺了，茶香味散发了出来，很是浓烈霸道，完全不似在品茶时喝的那些茶，味道又淡又雅。然后，红薯的香、洋芋的香都飘散了出来，混合在一起，十分诱人，感觉中，也十分红尘。

　　一会儿，在厨房里煮好的鸡肉也端了过来。鸡盛放在一只黑黝黝的陶锅里，鸡汤黄黄的，养了数年的土鸡才会有的那种黄，如膏如脂的黄。鸡汤的香气混合入茶香、红薯香、洋芋香中，仅闻着这香气，都觉得满足。当然，要让这满足落到实处，是夹块鸡肉送入口中。果然鸡肉一入口，香味就充斥满口腔，那本是飘在空气中的香，被实实在在地捕捉到了。土鸡果然不一样，并且可以肯定的是，这里的土鸡，确确实实是老品种的本地鸡，而且不是吃饲料长大的。我们分食了部分鸡肝，与

稠黄的鸡汤，
鲜香的土鸡

土锅土法炖土鸡

寻常吃的鸡肝也完全不一样，不但毫无腥味，还十分沙酥糯实。

　　火锅的佐料非常简单，一撮芫荽、一块卤腐、一勺盐、一勺辣椒面，全没有许多火锅里堆放得琳琅满目的各式调

料，但我们吃得赞不绝口，均声称从没有吃过如此鲜美的土鸡火锅。并一面吃一面感叹，为什么没有更大的胃？蔬菜是最后才端上来的，但我们已吃得肚儿滚圆，只能象征性地放点白菜煮进锅中了，就是这白菜，煮出来也非常好吃，又甜又鲜。

吃这样的土鸡火锅，让我想到的是，早年间，一家人团团围在炉前，煮一锅菜、烧洋芋、烧饵块，再烧一壶茶，其乐融融的场景。现在这样的吃饭方式已少有，因多是用煤气或天然气。不知是谁，想到把这本是家庭中寻常的一餐移到了餐馆中，立即风靡了丽江城，趋之若鹜的人，想来不仅仅是为了吃这无比鲜美的土鸡吧，更从中回想到了昔日的和美与乡土之味。

如此简单，却又如此美味，就在吃土鸡的过程中，恍然间明白了大道至简的道理。

烤洋芋、红薯和紫米饵块

在丽江吃小吃

店　　名：忠义小吃坊
地　　址：丽江古城区裕安巷美食街
电　　话：13988859158
推荐指数：★★★★★

去到任何地方，特色菜、特色小吃，免不了是要尝一尝的。但如果时间有限，胃容量有限，那最好选一家小吃种类齐全、味道又好的店。当地人这么向我们推荐，要想一网打尽丽江小吃，当然要去忠义小吃坊。

丽江有名的小吃，是丽江粑粑、糯米血肠、鸡豆凉粉，这些小吃在丽江并不稀罕，古城里都能看到。不过我们还是愿意去忠义小吃坊，因为当地人很有自信的样子：你们去试一试就知道了。

还未进店，站在门外就让我垂涎了，炉上一只大盆，盆中各种水果，依稀能分辨出小梨、海棠、橄榄，汤汁看起来特别好喝。问店中服务员，他说是五酸水，问是哪五酸，他想了一会儿，改口道：乌梅汤。后来向他询问小吃店的详细地址时才明白，他大约是当地少数民族，汉语说得不是太流利，所以不愿多开口，只是一直微笑，如果解释不清，就换个方式告诉我。正是如此，越发显现了服务员的纯朴。

服务员告诉我，他们这里没有丽江粑粑。丽江粑粑因是当年马帮带着路上吃的食物，寻常吃来，油过了一点，甜味也过了一点。他们换成了另一种油炸粑粑。店家笑说，改良后的丽江粑粑。这个粑粑在店中大受欢迎，一进店就发现，几乎每一桌上都有。我们也点一个，吃时又软又酥，口感非常好。一个不够，再加一个。

还有油炸糯米饼，这简直是我的最爱了，甜、香、脆，又糯实又不粘牙，想来是原料好、手艺好的缘故。

鸡豆凉粉自然也是不能忘记的。我们点的是凉拌鸡豆凉粉，这个讲究的就是佐料了，不过看起来并不复杂：一点豆芽，一点韭菜，一点芫荽，再加一勺不知是酱油还是什么的汁液，吃入口，立即感觉到与众不同，爽滑，味正。

丽江小吃馆

油炸粑粑

油炸糯米血肠

凉拌鸡豆凉粉

　　虽说是吃小吃，菜也要象征性地点几个，否则太素了。油炸五花肉，炸得很是酥脆，入口肥而不腻；腌菜炒肉，为的是这里口感纯正的腌菜。还有酥油茶也得点一壶。丽江的酥油茶与香格里拉的口感不一样，丽江的添加了核桃等物，吃起来味道更丰富一些，香格里拉的口感则纯正一些。

　　一顿饭，就把丽江小吃品尝完，出门后，我们人人均觉得划算。

美憬阁酒店

打日

天葬台

兰亭逸品酒店

旺池路

回春路

金沙国际酒店

向阳路农贸综合市场

长征大道

立星藏家特色土火锅

牦牛肉火锅店

炅沓食府

白鸡市

建塘镇卫生院

迪庆香格里拉机场

Part 8

品味香格里拉的
绿野仙踪

爱一种食物，与爱一个人相同，有一见钟情的金风玉露，也有小火冷水慢慢烧开的日久生情。或许牦牛肉和竹叶菜能够初吃即爱，酥油茶和奶渣则需要慢慢去品味它的美味。

不曾错过的牦牛肉

店　　名：牦牛肉火锅店
地　　址：独克宗古城广场达拉廊 134 号（迪庆藏族自治州博物馆
　　　　　后门）
电　　话：13988787776
推荐指数：★ ★ ★ ★ ★

　　父亲下班回来，递过一个牛皮纸信封给我，信封已破损，里面鼓鼓囊囊，不知装着什么。父亲笑道："是从香格里拉寄来，大家好奇里面装的是什么，弄破信封看一眼。""这有什么好奇的？""香格里拉有很多好东西。"撕开信封一看，是两袋牦牛肉干。

　　香格里拉因为海拔高，有许多不寻常不容易见到的东西，如虫草、雪茶、藏红花，当然，还有有"高原之舟"称号的牦牛。牦牛是世界上生活在最高处的哺乳动物，要吃到真正的牦牛肉通常都要到高海拔的地区，而且非常稀少，全世界百分之九十的牦牛生活在中国的 6 个省区，现云南有 10 万头。

　　多年后，我也来到香格里拉，虽然是第一次来到这片土地，但我一点也不觉得陌生，或许是经常吃这里的牦牛肉的原因吧。而牦牛肉现在已是这里非常有名的特色小吃了。

在香格里拉，我去普达措看山看水，去松赞林寺看建筑并了解一方的宗教文化，去独克宗古城闲逛和购物，然后，我来到位于独克宗古城广场达拉廊 134 号的牦牛肉火锅店吃牦牛肉火锅。这是我第四次吃到牦牛肉，第一次，自然是朋友寄来的那两袋牦牛肉干，我与家人一起分享了它们；第二次，是和女儿莹漾在丽江牦牛坪吃烤牦牛肉，那一次，她一串接一串吃了许多，一面吃一面赞叹不已；第三次，是和母亲在大理一家迪庆风格的酒吧里吃到牦牛肉丝，每一次，都认为风味独特。牦牛肉与其他牛肉比较而言，既结实又软，口感更好。对每一次吃到牦牛肉的记忆都如此深刻，也不过是因为，它的确稀少。

牦牛肉火锅自然又与众不同，能够感受到它特别的风

牦牛肉火锅

味。烤牦牛肉佐料太多，不太能够品味到它自然的鲜香；牦牛肉干因没了水分，香味在，鲜嫩的口感却是吃不到的；牦牛肉丝撕得太细，吃得不过瘾。唯有牦牛肉火锅，一大盘牦牛肉端上来，煮进汤中，随着热气的升腾，肉香味弥漫在空气中。牦牛极少饲喂，在天然草地上自行觅食，因而牦牛肉的营养价值是其他牛肉无法比拟的。又因终生吃天然野草，又无劳役，所以肉质细嫩，味道鲜美。吃牦牛肉火锅，这一点就特别明显。

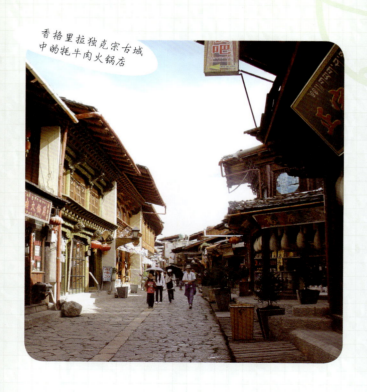

香格里拉独克宗古城中的牦牛肉火锅店

　　但有时候人很奇特，虽然在吃牦牛肉火锅，还是会想到当年的牦牛肉干，装在简陋的牛皮信封里寄过来，让我惊讶又惊喜。就是因为这两袋牦牛肉，使得每当看到牦牛肉时，我都要品尝，无论是撕成丝，还是煮火锅。后来得知，因为富含蛋白质和低脂肪，牦牛肉被称为"牛肉之冠"，是国际市场上稀少的高级肉类。于是庆幸，虽然牦牛肉稀少，但每一次与它相遇时，我都没有错过。

颇有特色的牦牛肉火锅店

那个年月，那个奶渣

店　　名：向阳路农贸综合市场
地　　址：香格里拉县东旺路 75 号（迪庆藏族自治州农牧局西）
推荐指数：★★★★★

　　我喜欢喝酸奶，但学校周围都没有卖。要在回家的周末，特意赶到小花园去买一瓶，一口气喝个底朝天，才心满意足地回家。

　　开学时，朋友带了一个乳色圆锥体的东西来，薄薄地切一片递给我，吃入口，满嘴酸酸的乳香。她说这好吃的东西是奶渣，藏族人做的。她从小吃到大，十分喜欢。

　　那时，学校时常停电。每逢停电的夜晚，我们就在宿舍中央支个方凳，垫层纸，点两支蜡烛，把奶渣拿出来，打开装白糖的瓶子，谁要吃，就去切一片，一面蘸白糖吃，一面聊东聊西。蘸了白糖的奶渣酸酸甜甜，乳香更为浓郁，好吃得不得了。

　　虽然有奶渣吃，在回家的周末，我还是要去小花园喝酸奶。阿君知道后说："怎么不早告诉我。"她把奶渣碎碎地切了，放进杯子，撒入白糖，再倒进开水："放凉，和酸奶一个味。"果然，正是我最爱的口感。原来做酸奶如此简单，不用特地跑到小花园。

多年以后，酸奶已不再稀罕，各种各样的牌子，各种各样的味道都有。还有的厂家推出老酸奶，说是当年酸奶的口感，但我吃入口，还是差了一大截。不知是少了当年的心心念念，还是少了当年的向往与渴求。这时候，奶渣依然遍街难寻，它只存在于那个名为迪庆的地方。

有时会想起那些夜晚，舍友们围坐一圈，一边吃奶渣，一边叽叽喳喳。室内虽然有烛光，但仰头，还是能够看到月光，洒在窗棂上。每想一遍，都觉美好，无论是青春年少，还是奶渣。

后来到迪庆时，一起吃奶渣的朋友已离开此地，而奶渣还在。一如当年，乳色，圆锥体。我没有切碎放进杯子，

蘸了白糖的奶渣，又酸又甜，乳香更为浓郁

而是薄薄切一片，蘸点白糖放入口，立即乳香满口。香格里拉的奶渣是把牦牛奶打制分离出酥油后，剩下的奶水用火煮沸，再冷却，这时它就成了酸奶水，把酸奶水倒入竹制的斗形滤器，滤过水后，留在竹滤器中的就是奶渣。后来得知，奶渣实际上是酸奶的原型，而且奶渣因为做法的朴实，因而更加天然。

现在，网络上什么都可以买到，包括奶渣。不过，我还是喜欢自己去到实体店购买。在香格里拉的向阳路农贸综合市场内，就有许多奶渣出售，都是藏民自己做了来卖的，口感均不错，价格也适中。

每去香格里拉，我都会去买一个奶渣带回来，慢慢吃。

现在，我慢慢吃着奶渣，慢慢想着那些过往，曾经我们以为，奶渣的滋味，像爱情。现在我却认为，它像友情。酸甜均到位，倘若能吃入口，于身于心，都是享受。

在农贸市场卖的奶渣

鲜香在记忆中的酥油

店　　名：立星藏家特色土火锅
地　　址：独克宗古城商业街靠近新大门第 8 间商铺
电　　话：18008879922
推荐指数：★★★★☆

在香格里拉，坐进一家名为立星藏家特色土火锅的火锅店，我见菜单上有酥油茶，立即点一壶，味道很不错。

我对酥油有种特殊的感情，那种记忆中的鲜香至今令人难忘。我吃过最香的一种米饭是酥油拌饭。学校里的伙食不好，每顿只一个肉菜——青椒炒肉。要吃到它，还得有些体力。在那些清汤寡水的日子里，家在香格里拉的朋友会带酥油来。

酥油黄黄的，像豆腐，像乳饼。每次吃饭，朋友会为我盛一勺酥油压在口缸底。慢慢地，饭冒出的热气都有了香味，那一口缸饭，也越吃越香。朋友说，酥油不

酥油茶

是这样吃的，它要泡茶喝。但我们不舍得，就是把它藏在饭底，它慢慢溶化，化得一点儿也看不见，我们却吃得心润肠润。

酥油是牛奶的精华，是一种能够促进全面健康，使人长寿的食物。迪庆的酥油是用牦牛奶做成。因牦牛奶不容易储存，便用一只专门打酥油的木桶，木桶里有活塞，牦牛奶倒入木桶后，用活塞上下搅动千次后，牦牛奶分离为酥油、奶渣和奶水。牦牛稀少，产奶量也低，因而酥油十分稀罕。那时，除了青椒炒肉，菜里不见一点油，就是菜汤，连漂汤油也少得可怜，偶尔见到一两滴油，胃肠已锈迹斑斑的我们尊称它为救生圈。吃饭时能有一勺酥油，简直是神仙了。

多年后，我去丽江牦牛坪时，一下缆车，莹漾就往前跑，我不知高海拔的厉害，跟着追过去，跑出数百米后，心跳气喘，只得慢慢走，但整个人都不舒服了。见有店家在卖酥油茶，于是坐进去休息，不好意思不买点东西，便要壶酥油茶。喝一口，感觉非常好，我就坐在那里，在藏族女子的歌声中，慢慢喝那壶酥油茶。之前熟悉的香味回来了，丝丝缕缕在我口中缠绵。母亲则不喝，说过去喝过，有股膻味，我让她尝一点，她试着喝一口，发现那股膻味消失了。这才明白，喝第一口酥油茶，是有所选择的，倘若在高海拔的地方，它就很容易入口，而且十分好喝。也就是，一个地方有一个地方的特色饮食。而我对酥油的味道已习惯，是因为当年的酥油拌饭。

早就知道，习惯了酥油茶的味道后，便会时时想念，我的一些朋友、同事，到迪庆生活过一段日子后回到昆明，都会想念酥油茶。于是，有人来上班时提一保温壶，里面是茶水和酥油，一面走一面摇晃，走到办公室，酥油茶也就打成。有人则买袋装酥油茶，有甜有咸，想喝哪种味道时就用开水冲一袋。还有人在我担心莹漾的个子长不高时，告诉我："让她喝酥油茶，我女儿就是这样长到一米六五的。"

但酥油茶在我这里，却达不到别人那样的境界，因我至今仍然认为，最香的酥油，是压到饭底，随着饭的热气慢慢溶化，然后粒粒米饭都晶亮，都鲜香，就是闻一闻，也满足。

现在的我，去到藏家饭店，都要点壶酥油茶慢慢品尝，喝一口，那熟悉的香，就充斥了口腔，让我遥遥忆起当年。

清清凉凉竹叶菜

店　　名：立星藏家特色土火锅
地　　址：独克宗古城商业街靠近新大门第 8 间商铺
电　　话：18008879922
推荐指数：★ ★ ★ ★ ★

丈夫到迪庆州出差，带回一篮子菜，形如竹笋，却纤细许多。我虽然不知是什么，但很开心。剥开浅棕色的苞叶，露出绿绿的叶子与茎，只比手指微微粗一点。茎非常脆，像竹子一般有节，叶很软，一层层包裹中，有一小小花束，只略略带些黄意。

切片，用辣椒炒出来，它仍青翠逼人，看在眼里便欢喜。夹一筷进口，又脆又嫩，先是微微的苦，接着便一口清香，香中又有着非常清非常淡的一丝甜。但它不像橄榄酸后的回甘，也不像苦瓜苦后的清凉，它在苦和甜之间的过渡细腻又完美，会让人恍然。原来这两者之间，其实并不是相对立的，却也不是苦中有甜、甜中带苦那样简单，它们仍然苦是苦，甜是甜，各自清淡。多吃一些，便品不出苦味，入口就是它那极度特殊的味道，唯有味觉才能品出、唯有香字才能形容——却又恐香字俗了它，怎么也要加个清字。但清香二字仍远远不足，因许多花都有清香之味，它却不同，那清如雪如冰，那香如梅如莲，偏偏颜色又绿得翠汁欲滴——再经过盐、油、辣椒和火的浸袭之后，真是菜中极品。

　　饭后便找相关书仔细阅查了一番，原来叫作竹叶菜（学名鹿药草），是一种高山野菜。它生长在海拔 3200 米的高山上，更为奇特的是，雪化到哪里它就长到哪里，完全靠雪水滋养、发芽、成长。这是饮雪水而生的植物，所以吃起来这么清香也是理所当然了。

　　书中自然大大地赞美了竹叶菜，称它清凉、降血压、减肥，富含多种微量元素。书里也教了怎么做，素炒、荤炒、做汤均可，因其谷氨酸含量高，还可以如味精一般使

竹叶菜的清香，清如雪如冰，香如梅如莲

饮雪水而生的
竹叶菜

用——煮汤、炖排骨时放些进去，能够使汤更加鲜美。而且它在怒江鼎鼎大名，在婚嫁、节日十大菜肴中占有一席之地。

数年之后，昆明菜市上也能见到它了。卖菜的人有些神秘地说："从雪山运来的，叫雪参。"

我买回来，仍是素炒。用它炖排骨，感觉会俗了它，配以他物同炒，虽然鲜美了他物，却淡了它的味。其实，我只是担心会被其他食材把它的味道混淆得模糊不清，因为，吃它如饮雪，如品一种冰清情怀。后来，我在立星藏家特色土火锅里也吃过这种菜，那种清香的味道至今都令人难以忘记。

关于青稞的向往

店　　名：炅沓食府
地　　址：独克宗古城金龙街（近铸记酒店）
电　　话：0887-8286800
推荐指数：★★★★★

夜色降临，独克宗古城依然热闹，灯火点缀出一派温馨，寻得一家名为炅沓食府的清静小店，刚坐进去，便见桌上竹编的小篮中盛有许多如麻子大小的果实，就问"这是什么，可以吃吗？"

"青稞，炒熟了的，可以吃。"店家把它放在桌上，就是由客人任意取食。

我一听到青稞这名字便大喜——多年前就知道它，却一直不得见其真面目。有歌唱道："人间有了青稞粮，日子过得真甜美；一日三餐不愁吃，顿顿还有青稞酒。"藏区海拔较高，作物很难生长，能够在这里生长的青稞成为藏区的主要作物。而我喜欢青稞，则是因为它的名字。青稞这名字在谷子、麦子中，有一种超凡脱俗之味，不知道是因为认识它的时间太晚，就多了一层想象，还是因为它姓青而不名子，便平白地多了一些浪漫，何况它生长在我神往已久的香格里拉。不管是怎样的因由，我喜欢用这个名字命名的作物，无论有没有见过。

篮中的青稞形状如麦子，只是细小些，吃入口，也没有什么特别的味道，但我还是欢喜，数粒数粒地送入口中。

店家见我喜悦，说还有青稞酒与青稞饼。我不会喝酒，青稞饼则要尝试一下。饼圆圆的，黄黄的，看着就有食欲。虽然看起来有几分像荞饼，入口后感觉完全不一样，它的香味与荞饼的香截然不同，荞饼的香质朴，青稞饼的香味悠长。

终于忍不住，让店家倒一点点青稞酒尝一尝。酒的滋味于我而言，除了辣就是涩，但青稞酒入口，辣、涩之后，还有一股醇香，这香应是来自高原的长风，来自田野的净水。据说青稞酒喝了不上头、不口干、醒酒快，纵是如此，也不敢多品，但买得一小壶，准备带它回家。

藏家餐馆

青稞粑粑

《药性考》中说青稞"形同大麦，皮薄面脆，西南人倚为正食"，其实青稞与大麦还是有区别的。我在香格里拉见过将熟未熟之时的青稞，远远看去与大麦的确没有区别，走近后发现，低垂的麦穗呈紫色，是我在大麦那里不曾见到过的紫。

生长在高原的青稞是好东西，不但营养丰富，还有医药保健作用。据《本草拾遗》记载：青稞，下气宽中、壮精益力、除湿发汗、止泻。藏区更用它来治疗多种疾病。据说常吃青稞，正是缺氧高原不乏长寿老人的原因。

这便是造物主的神奇之处吧，虽然海拔高，但依然有作物能够生长，并且能够让居住在高海拔地区的人在饱腹欲、享美酒之余，还能因其作物自身的特性而健康长寿。

后来在昆明见到青稞馒头，于是，又遥遥地想起香格里拉，想起有股醇香之味的青稞酒。

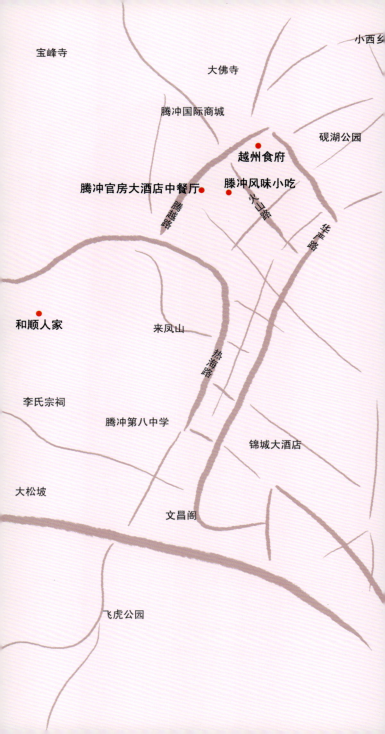

Part 9

火山热海品腾冲

　　有一种情感需要等待，有一种美食需要遇见。在对的时间遇上对的饮食，是灯火阑珊处回首时的释然，也是拍遍栏杆后终于得到的回答。

大救驾——炒饵块

店　　名：腾冲风味小吃
地　　址：腾冲县主大街滇西美食城内
电　　话：13987504367
推荐指数：★ ★ ★ ★ ★

有一盘炒饵块十分有名，把饵块切成三角形薄片，放入火腿片、鸡蛋、番茄、菠菜、槽辣子、酸腌菜、韭菜、葱段、爆炒而成。

初次吃这盘炒饵块，是在北京路。那天从学校回昆明，街上闲逛半日，饥肠辘辘之下见了这云南非常有名的小吃，便进去一试味道。只见卖相十分好看，红、黄、白、绿，若水彩画般清雅，而且十分可口，我吃得津津有味，点滴不剩。回学校后一直怀念那好味道，每当对坐着吃食堂那寡淡无味的饭菜时，就拿出来念一念。这盘炒饵块，名为大救驾。

大救驾这一名称自然有些来历，据说明朝永历帝逃难路过腾冲，饥饿难耐时，向路边一农妇讨要吃食，农妇搜尽家中所有，炒为一盘端出。不知皇帝是饿极了还是的确好吃，吃后称赞不已，说道："救了朕的驾。"这盘炒饵块便被称为"大救驾"。我则疑心这是杜撰。那时候，老百姓对皇帝的生活大多有着无穷无尽的美好想象，如果这盘炒饵块连皇帝都说好，那么它就真正是好，纵然不喜欢，

红、黄、白、绿，如水彩画般的炒饵块——腾冲大救驾

也不会说不好。遗憾的是这则传说没有下文，因为永历帝后来并没有东山再起，也就无从考证一下，当他的身份复原后，大救驾的味道又如何。

奇怪的是，同为源远流长的饮食，过桥米线名声非常大，许多远道而来的朋友常常会点名要求品尝，甚至有人下飞机时已是凌晨，也会问："是不是有间店 24 小时营业，专卖过桥米线？"就是大救驾，一直不红火也不消淡，不曾光彩过，在想吃这一小吃时，也能在街面上找到。比如腾冲风味小吃店，就是以大救驾为招牌的。

我家通常不会在家自己做过桥米线，因其烦琐。大救驾却不一样，买回饵块来问："是煮还是炒？"女儿立即兴

腾冲的饵块和饵丝也很有名

奋地答："大救驾！"现在虽然生活富裕了，但家中所有还不如那位农妇齐全，不是少了菠菜，就是缺了糟辣子。但没有关系，少了菠菜，我加豌豆尖，倘若连豌豆尖都没有，把白菜切丝放进去也可以。没有火腿，腊肉也行，再不济，切几片香肠也不寒碜。没有糟辣子，不放也罢。炒好上桌，依旧色、香、味俱全。再配与一碗菜汤，保管家人吃得心满意足。试想那年月，我坐在桌前点一桌子菜，涮菜、芽豆、酸辣粉、红糖稀饭、酱爆螺蛳，木华陪坐一侧，只点一样炒饵块。那盘炒饵块比起大救驾来，十分寒酸，几根韭菜段，一勺酱油而已，但他吃得津津有味。现在我炒出配料如此多的饵块来，他自然没有什么好挑剔的，更别说向来就喜欢饵块的莹漾了。

虽说我自己就会炒这盘饵块，但到了腾冲，依然要去品尝一下这道名小吃。因纵是同样配料，同样食材，掌厨的人不同，味道也不尽相同。腾冲有个滇西美食城，里面各式腾冲名吃应有尽有，不过我还是选择了名为腾冲风味小吃的这家店。一盘大救驾端上桌，果然色、香、味俱全，吃得我不亦乐乎。

在腾冲吃大救驾有许多选择，小吃店中有，大食馆中也有，无论是作为主食，还是配餐，它都依然如故：色彩好看，味道上佳。饵块就是这样一种食物，上得厅堂，入得草房。或许正是因为这样，才有了救驾这么一个故事。

青龙过海的酸菜汤

店　　名：越州食府
地　　址：观音塘社区汀河小区腾越古镇 118–119 号
电　　话：0875–5192289
推荐指数：★ ★ ★ ★ ★

🍴 📷 ℹ 🚻 🅿 📶

初到腾冲，当地人介绍特色饮食时，说到了一碗名为青龙过海的汤。当时行程太紧，没有细问，只是记住了这个霸气的名字，想日后到腾冲再细细品尝。

许多菜都会取个好听的名字，比如炒菠菜是红嘴绿鹦哥，蒜薹炒蚕豆米是青蛙抱玉柱，还有人把鸡蛋囫囵煮进紫菜汤中称为海上生明月。但我就是想不透，什么是青龙过海汤？

同事到腾冲出差，回来时，送我一盒干腌菜，邓老师送我一盒腊腌菜，这时才知道，原来这两种腌菜也是腾冲特产。腊腌菜很爽口，酸咸适中，煮米线、炒藕片都绝好，就是拿来佐饭也不错。干腌菜则又硬又老，无法咀嚼，但酸味十分正，煮洋芋或鱼时放一袋，再把调料倒进去，又酸又辣，十分可口。为了这碗酸汤，往往得多煮半碗米。

　　不过我最喜欢的是把干腌菜带到办公室。中午，我通常一个人在办公室里打发午饭，把从家里带来的饭菜放微波炉里转几圈，再拿只碗，放几缕干腌菜，加点作料，冲碗汤，一面吃饭，一面喝酸汤，开胃又爽口。

　　有段时间，同事相约了中午在办公室做饭吃，洋芋焖饭，包子，再配上凉黄瓜和白糖拌番茄，吃得很是滋润。但无论如何都少不了这碗酸汤，虽然简单，却人人喜欢。一面吃饭喝汤，一面说说笑笑，中午的时光就这样流逝。吃饱喝足，聊够说尽，再把办公室打扫干净，又到上班时间。就是这样简简单单的日子，大家却过得开开心心，往往中午刚一下班，就会凑过来："做饭了！"每到这个时候，大家都兴奋不已，好像此举不是为了解决午餐，而是在玩一个游戏。

　　因而一坐进越州食府，就点了这碗汤，然而饭都吃得七七八八，还不见这神秘的汤上来，问服务员，答："早就上了。"顺手指指桌上的那碗汤。竟然是它！端上来时，我以为是店家免费赠送的而没有多问。一碗汤，里面几根干腌菜，数只小米辣，一根葱。我又是好气又是好笑，原来这碗汤，在许多个中午都陪伴着我，只是我不知其名罢了。谁知服务员还一本正经地告诉我："那根葱，就是青龙。"

干腌菜、小米辣、一根葱，青龙过海汤

在和顺人家吃头脑和土锅子

店　　名：和顺人家
地　　址：和顺古镇和顺景区售票处旁
电　　话：0875-5158888
推荐指数：★ ★ ★ ★ ★

说到腾冲饮食，最先想到的是炒饵块。其实不尽然，腾冲有的不仅仅是炒饵块，饵丝也很出名。然而最让人难忘的则是大薄片。大薄片特别讲究刀法，将煮熟放凉后的猪头肉切成宽宽的透明的薄片，配予佐料，咸、酸、辣、麻、香，各种滋味齐全，入口清脆。仅是大薄片的做法，就可感觉到不同，同是猪头肉，多半切片即可，而一讲究刀法，立即就鹤立鸡群了。我想这也许是腾冲人把在生活品质上追求精致和细腻的特性反射到了菜肴上，就如腾冲的食馆。

位于腾冲县城边的和顺镇有家餐馆名为和顺人家，是有百年历史的和顺民居，四合五天井、走马串阁楼。院内布置得儒雅大气，院外的芭蕉、亭阁在疏朗中又有几分婉约。就是不在这里用餐，和顺人家也具有参观的价值。

　　和顺有道名吃，用冰糖、甜酒汁冲泡糍粑片、鸡蛋、鸡脯肉、火腿、猪肉、蛋皮而成，入口甜糯。怪的是它的名字叫头脑。和顺人家的服务员一边冲泡头脑，一边说："这是只有正月初二才吃的，通常给到丈母娘家拜年的女婿吃。也会做给要出远门的亲人吃，意为有头有脑，日子和顺。"《水浒传》中提到过："那李小二人丛里撇了雷横，自出外面赶碗头脑腊去了。"据专家考证，这里的"头脑"是北宋时的一种酒：将肉和其他吃食拌入大碗中，注入热酒，就如同喝菜粥一样。不知和顺的头脑是不是从这里演变而来的，也不知为何要把这项吃食命名为头脑。不过，既然吃了这碗汤可以有头有脑，日子和顺，自然要吃一吃了。

　　腾冲还有土锅子。若他们不介绍，我定要称为火锅，它用当地的陶土制成。类似于过去的铜火锅，锅下是栗炭

和顺古镇上的和顺人家

腾冲土锅子

火，锅上是各种菜，中间有一根类似于炮筒的管子，用于加栗炭火。可不能小看这土锅子，里面内容丰富，用筒子骨熬的汤，还放有青菜、芋头、竹笋、酥肉、蛋卷、黄皮等。黄皮是刮洗干净后晒干的猪皮，吃的前一天放在热水里泡开切片。酥肉是云南人过春节时必然少不了的肉制品，把小粉、鸡蛋调成糊状，瘦多肥少的肉切块，放进去裹一遍，再放入油锅中炸熟。据说，元朝末年就有土锅子了，相传是一位官员看到饭菜送到守边关的士兵的手中时都凉了，为了让他们能够吃上热气腾腾的菜而设计了土锅子，方便又省事。有人又把土锅子称为火山热海，以配合腾冲著名的景区火山、热海。

此外，腾冲的水牛奶也值得一品。云南有两个地方产水牛奶，其中之一便是腾冲。水牛分为江河型与沼泽型，产奶水牛少，产奶量偏低，而腾冲的槟榔江水牛为全国唯一的江河型水牛，因而到了腾冲，尝一尝槟榔江水牛奶，也算是填补了自己所喝牛奶种类中的一个空白。

和顺乡的头脑

神奇刀工切出大薄片

店　　名：腾冲官房大酒店中餐厅
地　　址：腾冲县腾越路腾越文化广场对面
电　　话：0875-5199999
推荐指数：★★★★★

🍽️ 🍴 👤 👫 🈺 🅿️ 📶 ♿

腾冲有一道名菜，名为大薄片，其实是猪头肉。把猪头放在火上将皮烤焦，然后放进温水，把焦面刮净，再用清水漂洗。用刀从头盖骨劈开，取出脑髓，再把猪头煮至八成熟，取出放进冷开水中，冷却后取出剔去骨头。食用前将猪头肉切成薄片，越薄越好，然后再将肉片放入冷开水中漂一个小时后捞出，沥去水分后，撒上芝麻、芫荽等佐料。

这道菜，父亲早年在腾冲吃过，一直津津乐道："切得四五厘米宽，薄如纸，那种刀功，太神奇了。"后来多年没有吃到过，所以怀疑这一刀功、这道菜已失传。

有天同事约我去腾冲官房大酒店中餐厅吃饭，点了一道菜猪头肉，四五厘米宽，薄如纸，味道很不错。于是我便在心里悄悄存了一份欣喜，准备等父亲过生日时，给父亲一个惊喜。我就这样一直慢慢等，时间一天一月缓缓流过。这一年里，父亲的病反反复复，等到十二月，行走已不易，我终于不能够把这个惊喜给父亲。翻过年，父亲又一次入院时已近昏迷。这天，我坐在公交车上，拎着一个简易饭盒。我只希望，公交车越慢越好，最好就这样，一路摇摇晃晃，永远在路上。

腾冲大薄片讲究的是刀功，把猪头肉切得薄如纸，四五厘米宽

饭盒里是大薄片。在医院里，我问父亲吃不吃他念叨过的大薄片，已一天一夜没有进食的父亲点了点头。父亲吃了一片，我又问他，还是不是当年的那个味道。父亲再次微微点头。

如今，父亲已离去多年。那天坐在公交车上，我拎着大薄片去医院，一路都在恐惧。不是害怕这个世间将少一个如斯爱我的人，而是担心，自己再也不能够把头靠向他的肩。那一路，漫长又短暂。我害怕车到站点，又害怕车不到站。今日，如果可能，我希望自己仍然坐在车上，虽然泪流满面，虽然内心惶恐不安，但我还可以在某个站点下车，走到那间医院某张床前，看到我的父亲，他还可以吃我带过去的大薄片，虽然那时，他已不知道自己吃入口的是什么。

不提那家食馆，我还是会吃到大薄片，在腾冲。众人吃到这道菜，都赞叹不已，说它肉质脆嫩，皮质筋道，而且配予佐料后，入口又酸又辣又麻又香，吃过后就再也不忘。我并不回避，还是会夹一筷慢慢送入口，虽然每一次咀嚼，都感觉得到心伤。

我深深知道，当初我赶去买这道菜，不是为父亲，而是为了我自己，能够在往后的日子中少一些遗憾。可是，我能够减少遗憾，却减不了思念。

有的食物就是这样，它不仅单纯地以口感、风味在记忆中占一席之地，很多时候，它还承载着个人的情感体验，正是因为这些独特的情感体验，美食不再仅仅是满足口腹之欲的单薄存在，它还在精神领域里辟有一块疆域，并且关于它的记忆会一直贯穿在岁月中，正因如此，美食文化才如此感性、诱人。

被称为女婿菜的
棕苞炒肉

店　　名：和顺人家
地　　址：和顺古镇和顺景区售票处旁
电　　话：0875-5158888
推荐指数：★ ★ ★ ★ ★

棕苞花

冬尽，棕果已稀疏，金黄的枝梗犹自垂在树尖，如珊瑚丛，也有的已干瘪，更有些变成褐色。有鸟儿来，捡食残存的果子。正想果落尽后它吃什么，却见已有花苞悄悄在树尖探出了头。仅一周，纯黄的花穗便从花苞中抽出，一穗一穗垂得好似不胜重负。

菜市场上，已有人来卖棕苞。依卖者所言，我将棕苞买回后配以火腿粒爆炒。盛入盘中时特别好看，黄黄红红，十分美艳。入口则是另一回事，棕苞米有些清苦，冲淡了火腿的油腻，却保全了它的香，原来这两者是绝配。

这时节去餐馆吃饭，棕苞炒肉片已是时鲜菜。我们曾在和顺人家吃过这道菜，一盘端上桌，有女子便说："我不吃鱼子。"众人笑道："这鱼籽不腥气，只是苦胆没剔好。"棕籽的确神像鱼子，不知这二者间有没有什么关系。吃棕苞却是由来已久的，苏东坡曾写过："赠君木鱼三百尾，中有鹅黄子鱼子。"这木鱼，说的便是棕苞。小时，棕苞是男生的最爱，一苞苞摘下，把小小的花粒弄散，含进嘴，找个纤细的竹筒对着嘴把它们吹出来。席间一问，在桌的男士竟人人如此玩过，尽管家乡不一。我问："为什么这样做？"他们众口一词："打人。"真不知这小小的花粒怎么可以打痛人，只是由此认定，我一直不知道棕花什么模样，是因棕苞不是被吃了，就是被他们如此糟蹋了。

后来到腾冲，才知棕苞米另有做法，放腌菜、肉片同炒，名为女婿菜。据说此菜用来检测男子是否能吃苦，倘若能吃棕苞，就意味着老人可以把女儿放心地嫁给他。我想这样的心思真是温软，棕苞那点点苦，不但不难咽，还有着些轻微的、特别的香味，最易让人上瘾，而且有降压平肝的功用。一点点棕苞，哪里就可测出人心，只当是个善意的提醒吧。此外棕苞还可以煮吃，切碎放汤里煮熟，加干腌菜、辣椒、姜块、葱段、芫荽，酸中有苦，苦中回甜。

又一周过去，门外棕苞依然一穗一穗在枝尖好好垂着，没有男孩摘去打人，也没有食客来摘去做女婿菜。只有蜜蜂，三五成群，绕着花苞飞。

酸腌菜炒棕苞

美食索引

图书在版编目（CIP）数据

寻味云南 / 杨洋著. — 北京 ： 北京出版社，
2016.8
ISBN 978-7-200-12313-5

Ⅰ. ①寻… Ⅱ. ①杨… Ⅲ. ①旅游指南—云南省
Ⅳ. ①K928.974

中国版本图书馆 CIP 数据核字（2016）第 163760 号

寻味云南
XUNWEI YUNNAN
杨洋　著
＊

北 京 出 版 集 团 公 司
北　京　出　版　社　出版
（北京北三环中路 6 号）
邮政编码：100120

网　　　　址：www.bph.com.cn
北 京 出 版 集 团 公 司 总 发 行
新　华　书　店　经　销
北 京 天 颖 印 刷 有 限 公 司 印 刷
＊

889 毫米 ×1194 毫米　32 开本　7 印张　150 千字
2016 年 8 月第 1 版　2016 年 8 月第 1 次印刷
ISBN 978-7-200-12313-5
定价：39.80 元
如有印装质量问题，由本社负责调换
质量监督电话：010-58572393